Comte de VILLIERS DE L'ISLE-ADAM

CHEZ
LES PASSANTS

(Fantaisies, Pamphlets et Souvenirs)

Frontispice de Félicien ROPS

PARIS
COMPTOIR D'ÉDITION
1890

CHEZ LES PASSANTS

OUVRAGES DU MEME AUTEUR

CONTES CRUELS . . . . . 1 vol. Paris, Calman Lévy.
MORGANE . . . . 1 vol. St-Brieuc, Prancisque (épuisé).
L'ÈVE FUTURE . . . . . 1 vol. Paris, M. de Brunhoff.
LA RÉVOLTE . . . . . . 1 vol. Paris, Lemerre.
AKÉDYSSERIL . . . . . 1 vol. Paris, M. de Brunhoff (épuisé).
HISTOIRES INSOLITES . . 1 vol. Paris, E. Quentin.
ISIS . . . . 1 vol. Paris, E. Dentu (épuisé).
TRIBULAT BONHOMET . . 1 vol. Paris, Tresse et Stock.
PREMIÈRES POÉSIES . . . 1 vol. Lyon, Scheuring (épuisé).
LE NOUVEAU MONDE . . 1 vol. Paris, Richard (épuisé).
ELËN . . . . 1 vol. St-Brieuc, Francisque (épuisé).
L'AMOUR SUPRÊME . . . 1 vol. Paris, Monnier et Brunhoff (épuisé).
LE SECRET DE L'ÉCHAFAUD. 1 vol. Paris, Marpon et Flammarion.
NOUVEAUX CONTES CRUELS. 1 vol. Paris, Librairie illustrée.
AXËL . . . . 1 vol. Paris, E. Quentin.

Saint-Amand (Cher). — Imprimerie DESTENAY, BUSSIÈRE FRÈRES.

Comte de VILLIERS DE L'ISLE-ADAM

CHEZ
LES PASSANTS

(Fantaisies, Pamphlets et Souvenirs)

Frontispice de Félicien ROPS

PARIS
COMPTOIR D'ÉDITION
ESTAMPES, LIVRES, MUSIQUE
14, Rue Halévy, 14

—

1890
Tous droits réservés

IL A ÉTÉ TIRÉ A PART

*Quinze exemplaires de cet ouvrage, sur papier du Japon
numéroté de 1 à 15
et contenant une double suite du frontispice*

N°

L'ÉTONNANT
COUPLE MOUTONNET

A M. Henri Mercier.

Ce qui cause la réelle félicité amoureuse, chez certains êtres, ce qui fait le secret de leur tendresse, ce qui *explique* l'union fidèle de certains couples, est, entre toutes choses, un mystère dont le comique terrifierait si l'étonnement permettait de l'analyser. Les bizarreries sensuelles de l'Homme sont une roue de paon, dont les yeux ne s'allument qu'au dedans de l'âme, et, seul, chacun connaît son désir.

Par une radieuse matinée de mars 1793, le célèbre citoyen Fouquier-Tinville, en son cabinet de travail de la rue des Prouvaires, assis devant sa table, l'œil errant sur maints dossiers, venait de signer la liste d'une fournée de ci-devants dont la suppression devait avoir lieu le lendemain même, entre onze heures et midi.

Soudain, un bruit de voix, — celles d'un visiteur et d'un planton de garde, — lui parvint de derrière la porte.

Il releva la tête, prêtant l'oreille. L'une de ces voix, qui parlait de forcer la consigne, le fit tressaillir.

On entendait ; « Je suis Thermidor Moutonnet! de la section des *Enfants du devoir* !... Dites-lui cela ! »

A ce nom, Fouquier-Tinville cria :

— Laissez passer.

— Là ! je savais bien ! vociféra, tout en pénétrant dans la pièce, un homme d'une trentaine d'années, et de mine assez joviale, — bien qu'une sournoiserie indéfinissable ressortit de l'impression que causait sa vue...

Bonjour. C'est moi, mon cher : — j'ai deux mots à te dire.

— Sois bref : mon temps n'est pas à moi, ici.

Le survenu prit un siège et s'approcha de son ami.

— Combien de têtes pour la prochaine, demanda-t-il en indiquant la pancarte que venait de parapher son interlocuteur.

— Dix-sept ; répondit Fouquier-Tinville.

— Il reste bien une petite place entre la dernière et ta griffe ?

— Toujours ! dit Fouquier-Tinville.

— Pour une tête de suspecte ?

— Parle.

— Eh bien, je te l'apporte.

— Le nom ? demanda Fouquier-Tinville.

— C'est une femme !... qui... doit être d'un complot... qui... Combien de temps demanderait le procès ?

— Cinq minutes. — Le nom ?

— Alors, on pourrait la guillotiner demain ?

— Le nom ??

— C'est ma femme.

Fouquier-Tinville fronça le sourcil et jeta la plume.

— Va-t-en ; je suis pressé !... dit-il : nous rirons plus tard.

— Je ne ris pas : j'accuse !.. s'écria le citoyen Thermidor d'un air froid et grave avec un geste solennel.

— Sur quelles preuves ?

— Sur des indices.

— Lesquels.

— Je les pressens.

Fouquier-Tinville regarda de travers son ami Moutonnet.

— Thermidor, dit-il, ta femme est une digne sans-culotte. Son pâté de jeudi dernier, joint à ces trois flacons de vieux Vouvray — (que tu sus découvrir en ta cave derrière des fagots de meilleur aloi que ceux que tu me débites) — fut bon, fut excellent. Présente mes cordialités à la citoyenne. — Nous dînons ensemble, demain soir, chez toi. Sur ce, fuis, ou je me fâche.

Thermidor Moutonnet, à cette réponse presque sévère, se jeta brusquement à genoux, joignant les mains, des larmes aux yeux :

— Tinville, murmura-t-il comme suffoqué par une surprise douloureuse ; — nous fûmes amis dès le berceau ; je te croyais un autre moi-même. Nous avons grandi dans les mêmes jeux. Laisse-moi faire appel à ces souvenirs. Je ne t'ai jamais rien demandé. — Me refuseras-tu le premier service que j'implore ?

— Qu'as-tu bu ce matin ?

— Je suis à jeun, répondit Moutonnet en ouvrant de grands yeux, ne comprenant évidemment pas la question.

Après un silence :

— Tout ce que je puis faire pour toi, c'est de lui taire, demain soir, à table, ta démarche incongrue. Je ne puis croire que tu oses plaisanter, ici — ni que tu sois devenu fou... quoique, d'après ce que tu demandes, cette dernière supposition soit admissible.

— Mais... je ne peux plus vivre avec Lucrèce !... gémit le solliciteur.

— Tu as soif d'être cornard, citoyen : je vois cela.

— Ainsi... tu me refuses !

— Quoi ? de lui faire couper le cou parce que vous avez des mots ensemble ?

— Oh ! la carogne ! Voyons, mon bon Tinville, au nom de l'amitié, mets ce nom sur ce papier, je t'en prie... pour me faire plaisir !

— Un mot de plus, j'y mets le tien ! grommela Fouquier-Tinville en ressaisissant la plume.

— Ah ! par exemple... pas de ça ! cria Moutonnet, tout pâle, en se relevant. — Allons, soupira-t-il c'est bien ; je m'en vais. Mais ajouta-t-il — (*d'une voix de fausset hystériquement singulière*, pour ainsi dire, *et que son ami ne lui connaissait pas)*, — j'avoue que je ne te croyais pas capable de me refuser, après tant d'années de liaison, ce premier, cet insignifiant service qui ne t'eût coûté qu'un griffonnage ! — Viens dîner demain, tout de même, — et motus à ma femme : ceci entre nous seuls ! acheva-t-il d'un ton sérieux et, cette fois, *naturel*.

Thermidor Moutonnet sortit.

Resté seul, le citoyen Fouquier-Tinville, ayant rêvé un moment, se toucha le front du doigt avec un froid sourire ; puis, ayant haussé les épaules comme par forme de conclusion, prit sa liste, en inséra le pli dans une large enveloppe, écrivit l'adresse, scella, et frappa sur un timbre.

Un soldat parut.

— Ceci au citoyen Sanson ! dit-il.

Le soldat prit l'enveloppe et se retira.

Tirant un oignon d'or de son gilet en gros de Naples fleuri d'arabesques tricolores, et regardant l'heure :

— Onze heures, murmura Fouquier-Tinville : — Allons déjeuner.

*
* *

Trente ans après, en 1823, Lucrèce Moutonnet (une brune de quarante-huit ans, encore dodue, fine et fûtée !) et son époux Thermidor, s'étant expatriés en Belgique au bruit des canons de l'Empire, habitaient une maisonnette d'épicerie florissante, avec un coin de jardin, dans un faubourg de Liège.

Durant ces lustres, et dès *le lendemain* de la fameuse démarche, un mystérieux phénomène s'était produit.

Le couple Moutonnet s'était révélé comme le plus parfait, le plus doux, le plus fervent de tous ceux que l'amour passionnel enlaça jamais de ses liens délicieux. Le pigeon, la colombe ; tels ils se semblèrent.

Ils réalisèrent le modèle des existences conjugales. Jamais le plus léger nuage entre eux ne s'éleva. Leur ferveur fut extrême ; leur fidélité presque sans exemple ; leur confiance, réciproque.

Et, cependant, le mortel auquel il eût été donné de pouvoir lire au profond de ces deux êtres, se fût senti bien étonné, peut-être, de pénétrer le *réel* motif de leur félicité.

Thermidor, en effet, chaque nuit, dans l'ombre où ses yeux brillaient et clignotaient, pendant que l'accolait conjugalement celle qui lui était chère, se disait en soi-même.

— Tu ne sais pas, non ! *toi*, tu ne sais pas que j'ai tenté le possible pour te faire COUPER LA TÊTE ! Ha ! ha ?... Si tu savais cela, tu ne m'accoleruis pas en m'embrassant! Mais, — ha ! ha ? *seul* je sais cela ! voilà — ce qui me transporte !

Et cette idée l'avivait, le faisait sourire, doucement, dans les ténèbres, le délectait, le rendait AMOUREUX jusqu'au délire. *Car il la voyait alors sans tête* : et cette sensation-là, d'après la nature de ses appétits, l'enivrait.

Et, de son côté, Lucrèce, également, se disait par une contagion, avec le même aigu d'idées, en de malsains énervements :

— Oui, bon apôtre, — tu ris ! tu es content ? Tu es ravi !... Eh bien, tu me désireras toujours. — Car *tu crois que j'ignore ta visite au bon Fouquier-Tinville,—ha! ha?*... et que tu as voulu me faire COUPER LA TÊTE, scélérat ! Mais, — voilà ! je SAIS cela, moi !... *Seule*, je sais ce que tu penses, — et à ton insu. Sournois, je connais tes sens féroces. — Et je ris tout bas ! et je suis très heureuse, malgré toi, mon ami.

Ainsi, le bas d'insanité sensorielle de l'un avait gagné l'autre, par le négatif. Ainsi vécurent-ils, se leurrant l'un l'autre (et l'un par l'autre), en ce détail niais et monstrueux où tous deux puisaient un terrible et continuel adjuvant de leurs macabres plaisirs ; — ainsi moururent-ils (elle d'abord), sans s'être jamais trahi le secret mutuel de leurs étranges, de leurs taciturnes joies.

Et le veuf, Thermidor Moutonnet, sans enfants, demeura fidèle à la mémoire de cette épouse, à laquelle il ne survécut que peu d'années.

Quelle femme, d'ailleurs, eût pu remplacer, *pour lui*, sa chère Lucrèce ?

UNE SOIRÉE

CHEZ NINA DE VILLARD

—

C'était au lendemain d'une fête vénitienne, donnée par Mme Nina de Villard en son légendaire petit hôtel de la rue des Moines. On dînait dans le jardin. Parmi nous, se trouvait l'invité de passage, un long et bel amateur mondain qui, depuis les hors-d'œuvre, nous observait avec stupeur, en son habit noir. L'on jouissait de la douceur de se sentir méprisé de ce brillant individu. Vers le café, sur un coup d'œil que nous échangeâmes, sa perte fut résolue : — M. Marras, donc, lui tendit, gravement, un monstrueux paradoxe — auquel, se prenant comme à de la glu, l'attendrissant éphèbe, avec un suffisant sourire, répliqua :

— Cependant, Messieurs, si vous attendez après les mots, votre poésie n'aura souvent pas de sens ?...

— Oh ! répondit, d'un ton froid, M. Jean Richepin, le sens n'est qu'une plante parasite qui pousse, quand même, sur le trombone de la sonorité.

— La sonorité ? reprit le « gommeux », les yeux un peu hagards : mais... le bruit n'est rien : il est des vers discrets, dont le charme...

— Enfin, rimez-vous pour l'œil ou pour l'oreille ?

— Pour l'odorat, Monsieur, répondit, avec mélancolie, M. Léon Dierx.

— Vous riez ? Soit. Mais, au bout du compte, le sentiment, qu'en faites-vous ? essaya de reprendre le malheureux élégant, en se tournant vers M. Stéphane Mallarmé. — L'élégie, en dépit de nos mœurs, demeure, quand même, d'un succès assuré près des femmes... Dès lors, pourquoi s'en priver ? — Vous ne pleurez donc jamais, en vers, Monsieur ?

— Ni ne me mouche ! répondit, de sa voix didactique et flûtée, M. Stéphane Mallarmé en élevant, à la hauteur de l'œil, au long du geste en spirale, un index bouddhique.

Durant ce colloque, Nina et les habituées féminines de ces soirées, pour ne point rire au nez de l'intéressant jeune homme, étaient rentrées dans la maison.

— Vous n'êtes, alors, d'aucune école, Messieurs ? continuait celui-ci.

— Nous sommes de l'école des *Pas-de-Préface!* répondit, en souriant, M. Catulle Mendès.

— Tiens !... Je vous croyais de celle de M. Leconte de Lisle, — (!) — murmura le pschutteux désorienté : et, à ce propos, ajouta-t-il en se tournant vers moi, — compte-t-il donner, enfin, bientôt, quelque chose de... sérieux, Leconte de Lisle ?

— Non, Monsieur, répondis-je en m'inclinant : il vous laisse ce soin.

Voyant qu'il avait affaire à des gens insociables, incompréhensibles, qu'il devait renoncer à convertir, l'amateur s'écria, sans transition vaine, après avoir tiré sa montre et en se levant :

— Avant de vous quitter, j'eusse voulu présenter mes devoirs... — Où sont donc ces dames ?

— Mais, au salon... je pense !... répondit négligemment M. Marras.

Sur cette réplique, toute naturelle, — mais dont l'intonation bizarre le fit presque chanceler, — le brillant invité de passage, saluant à l'anglaise, rentra, s'échappa très vite et, sans doute, court encore, — irréprochable.

C'est ainsi que l'on évinçait poliment les curieux dans cette maison fantaisiste et charmante. Lorsque tout le monde fut revenu au jardin, M. Marras, pour dissiper l'impression quelconque laissée par l'intrus, voulut bien nous lire quelques scènes d'une féerie compassée, aux épithètes voltaïques où ferraillaient mille adverbes, où les amoureux ne s'exprimaient qu'en langue médicale. Après les éclats de rire, nous nous laissâmes aller au silence de la soirée d'automne, qui était d'un bleu pâle et très douce.

.˙.

Maintenant, Nina, dans sa robe de chambre aux éclatantes fleurs japonaises, se balançait, une cigarette aux lèvres, en un fauteuil américain, sous un magnolia : près d'elle, M. Marras parlait d'arcanes magiques avec un adepte, M. Henri La Luberne, et ce sympathique savant, Charles Cros, dont la récente mort, si chrétienne, me rappelle cette soirée d'étoiles.

Entre des feuillées, M. Jean Richepin, passant la tête, considérait avec « le sourire silencieux du trappeur » M. de Polignac, le jeune et sympathique incendiaire à la mode, l'anarchiste à la tenue correcte, aux manières exquises, — lequel causait, à voix basse, avec M. Henri Delaage, le *medium*, qui, entre deux évocations, venait parfois consumer un *Cigare-des-Brahmes* en ce séjour.

Près du jet d'eau qu'elle semblait écouter, Mlle Augusta Holmès, la grande musicienne, au bercer d'un hamac, regardait vaguement la nuit. — Je vois encore, en ce crépuscule, la tête de Lucius Verus, d'un jeune peintre, M. Franc Lamy, un disparu de nos réunions, mais dont nous avons tous admiré, aux derniers Salons, les toiles si curieusement lumineuses, si remarquables par la délicatesse des tons et la richesse des lignes, notamment sa *Narcissa*.

Debout, appuyée à la petite charmille, qu'elle dépassait presque de son front, la belle Manoël de Grandfort méditait sans doute l'une de ses fantaisies de la *Vie parisienne* ou de *Gil Blas* : — dans une allée, se promenant, sous la clarté lunaire, MM. Catulle Mendès et Stéphane Mallarmé devisaient.

Une plaisante incidence vint égayer, en ce moment, le jardin. Des cris s'élevaient du côté d'un guéridon solitaire, auprès duquel, aux lueurs d'une bougie et ses lunettes d'or sur le nez, l'auteur de la chanson célèbre : *A la Grand'Pinte,* M. Auguste de Châtillon, venait de lire, à l'auteur des *Roses remontantes,* M. Toupié Béziers, une récente poésie intitulée : *Moutonnet.* Or, il était arrivé que, discutant une rime, le fougueux dramaturge, en gesticulant, avait fait sauter au ciel, sans le vouloir, les lunettes du poète, lesquelles, retour des astres, s'étant accrochées à une branche folle, y demeuraient suspendues — « damonoclétiquement » selon la remarque de M. de Polignac. L'on accourut, pour éviter, s'il se pouvait, l'effusion du sang. Mais, en homme de 1830 et en parfait gentleman, M. Toupié Béziers, modulait déjà les regrets qu'il devait à son vieil ami, — lequel, cependant, aigri par l'éloquence de son offenseur, évita, par la suite, le voisinage du trop nerveux écrivain, et lui garda, secrètement, rancune de cette incartade, — qu'il ne lui pardonna qu'en mourant.

Bientôt nous nous réunîmes autour de quelques verres de champagne, qui furent placés sur une table verte, sous les ombrages. Nous étions un peu las de la fête de la veille et la conversation se ressentait de notre tendance un peu physique au recueillement.

Nous étions aussi sous l'influence mélancolique de cette stellaire obscurité, où, froissées par le vent de septembre, des feuilles tombaient déjà, tout près de nous.

Ce fut alors que Nina, se tournant vers M. Léon Dierx, qui se trouvait assis auprès de moi, le pria de dire quelques vers.

*
* *

Léon Dierx avait alors trente ans, à peu près. On avait représenté de lui un drame en un acte, en vers, *La Rencontre*, se résumant en trois scènes d'une donnée amère, mais laissant l'impression d'une très pure poésie.

Nous avions connu M. Dierx, autrefois, chez M. Leconte de Lisle. C'était un pâle jeune homme, aux regards nostalgiques; au front grave ; il venait de l'île Bourbon, dont l'exotisme le hantait. En ses premiers vers, d'une qualité d'art qui nous charma, Dierx disait le bruissement des *filaos*, la houle vaste où s'endormait son île natale, et les grandes fleurs qui en encensaient les étendues ; — puis, les forêts, les lointains, l'espace, et les figures de femmes, ayant des yeux merveilleux, *Les yeux de Nyssia*, par exemple, apparaissaient en ses transparentes strophes.

Avec les années, sa poésie s'est faite plus profonde. Sans l'inquiétude mystique dont elle est saturée, elle serait d'un sensualisme idéal. Bien qu'il devienne peu à peu célèbre dans le monde supérieur de l'Art littéraire, ses livres : *les Lèvres closes, la Messe du vaincu, les Amants, Poèmes et Poésies,* etc., édités par M. Lemerre, sont peu connus de la foule, — et je suis sûr qu'il n'en souffre pas.

C'est qu'en cette poésie vibrent des accents d'un charme triste, auquel il faut être initié de naissance pour les comprendre et pour les aimer ; c'est que, sous ses rythmes en cristal de roche, ce rare poète, si peu soucieux de réclame et de « succès », connaît l'art de serrer le cœur ; c'est qu'il y a, chez lui, quelque chose d'attardé, de mélancolique et de vague, dont le secret n'importe pas aux passants.

Et le fait est que la sensation d'*adieux*, qu'éveille sa poésie, oppresse par sa mystérieuse intensité ; le sombre de ses *Ruines* et de ses *Arbres*, et de ses *Femmes* aussi, et de ses *Cieux*, surtout ! donnent l'impression d'un deuil d'âme occulte et glaçant. Ses vers pareils à des diamants pâles, respirent un tel détachement de vivre qu'en vérité... ce serait à craindre quelque fatal renoncement, chez ce poète, — si l'on ne savait pas que, tôt ou tard, les âmes limpides sont toujours attirées par l'Espérance.

Quant à la physionomie de M. Dierx, elle donne l'idée de l'un de ces enfants du Rêve, désireux de ne s'éveiller qu'au delà de toutes les réalités. Aussi, en toute sa noble poésie, semble-t-il qu'il ait le front touché d'un rayon de cette *Etoile du soir* que chanta, dans les vallées, au pays des visions du Harz, Wolfram d'Eischembach.

Voici le court poème qu'alors nous récita M. Léon Dierx, — poème dont j'ai précieusement gardé l'autographe :

AU JARDIN

Le soir fait palpiter plus mollement les plantes
Autour d'un groupe assis de femmes indolentes
Dont les robes, qu'on prend pour d'amples floraisons,
A leur blanche harmonie éclairent les gazons.
Une ombre, par degrés, baigne ces formes vagues,
Et, sur les bracelets, les colliers et les bagues

Qui chargent leurs poignets, leurs poitrines, leurs doigts,
Avec le luxe lourd des femmes d'autrefois,
Du haut d'un ciel profond d'azur pâle et sans voiles
L'étoile qui s'allume allume mille étoiles.
Le jet d'eau, dans la vasque au murmure discret,
Retombe en brouillard fin sur les bords. L'on dirait
Qu'arrêtant les rumeurs de la ville au passage,
Les arbres agrandis rapprochent leur feuillage
Pour recueillir l'écho d'une mer qui s'endort
Très loin, au fond d'un golfe où fut jadis un port.
Elles ont alangui leurs regards et leurs poses
Au silence divin qui les unit aux choses
Et qui fait, sur leurs seins qu'il gonfle, par moment,
Passer un fraternel et doux frémissement.
Chacune, dans son cœur, laisse, en un rêve tendre,
La candeur de la nuit par souffles lents descendre ;
Et toutes, respirant, ensemble, dans l'air bleu
La jeune âme des fleurs dont il leur reste un peu,
Exhalent en retour leurs âmes confondues
Dans les parfums où vit l'âme des fleurs perdues.

Ne sont-ce pas là des vers exquis et adorables ?... Nous étions encore sous leur charme lorsque nous nous séparâmes, la soirée finie.

NOTRE-SEIGNEUR
JÉSUS-CHRIST
SUR LES PLANCHES

—

C'était, jadis, une coutume sacrée, chez les Juifs, de déchirer ses vêtements lorsqu'on entendait un blasphême ; — si bien qu'en toute compagnie suspecte, les méfiants se bouchaient d'emblée les oreilles, par économie. — Et comme, au temps du Christ, le luxe des habits fut, au dire des historiens, poussé plus loin même qu'au temps de Salomon, les tailleurs de Jérusalem durent être singulièrement surmenés par les perpétuels renouvellements de gardes-robes qu'entraînèrent, en Israël, les graves professions de foi des premiers martyrs. La hausse du byssus et de l'hyacinthe dut être considérable. Ce fut au point qu'au cours des tortures où l'on appliquait les néophytes, l'assistance, en prévision de leurs séditieuses extases, adopta le biais subtil de se dévêtir d'*avance*, — (comme au massacre de saint-Étienne, par exemple, où saint-Paul, encore Gentil, accepta de surveiller le vestiaire).

C'est qu'alors, en effet, l'on ne pouvait repriser, retaper ni recoudre les vêtements sacrifiés sur l'audition d'un blasphème ; c'était pour de bon que l'on s'en séparait. — Aujourd'hui, les tailleurs israélites ont imaginé une boutonnière pratique, à l'usage des fervents : elle est close d'un simple fil qu'en mémoire des aïeux l'on fait, en souriant, sauter d'un coup d'ongle, à l'occasion. Ainsi, les israélites qui, nous dit-on, comblaient tout récemment de leur présence la salle du Théâtre-Libre, où l'on donnait l'*Amante du Christ*, n'eussent eu qu'un point à faire, de retour en leurs foyers, pour réparer le désordre de leur toilette, si, d'aventure, quelques propos de la mystique saynète les eussent effarouchés.

Mais non : — le poète, en sa conciliante sagacité, a su leur épargner jusqu'à cet insignifiant labeur. A l'entrée de son héros, il s'est produit, au contraire, un « effet » de recueillement, une impression « profonde ». Israélites et chrétiens ont ressenti, en un mot, cette *qualité* de respect signifiant qu'on trouvait Notre-Seigneur très bien, très impressionnant, très raisonnable, très sympathique et que l'on était de son avis. Tous l'ont applaudi chaleureusement pour lui témoigner de la haute et mélancolique estime où chacun le tenait. Dieu, reconnaissant de ces inespérées marques de déférence, est venu saluer le public. — Messieurs et dames se sentaient édifiés, grandis ; d'aucuns ne retenaient leurs larmes qu'à grand'peine. Tout le monde, avec une entente cordiale, avait l'air de vouloir, décidément, traduire l'« *Aimez-vous les uns les autres !* » par l' « *Embrassons-nous et que ça finisse !* ... » C'était d'un touchant capable de faire sangloter, en une soudaine accolade, M. Drumont et M. Zadoc Kahn, avec d'entrecoupés *Nous ne nous quitterons plus!* — Dans un coin, l'on entendait Siméon, le vieux marchand de lorgnettes, balbutier un vague *Nunc dimittis*. Si bien qu'en ces temps de Zutisme induré (qui sont, peut-être, les « révolus »), l'on pouvait conclure de ce spectacle que les suprêmes prédictions des Prophètes sont en voie d'accomplissement, — bref, qu'au train d'indifférence où s'abandonnent les chrétiens modernes, les Juifs (revenus, enfin, des conversions purement financières, et s'apercevant que l'Or lui-même non-seulement n'est pas le Messie, mais ne sert, en résumé, qu'à se procurer, — après avoir affamé tout le monde, — de plus solitaires caveaux de famille), — vont se convertir, en toute hâte... POUR NE RIEN LAISSER PERDRE.

Ce miraculeux dénouement, nous ne l'espérions pas à si brève échéance. Il n'était, au fond de nos esprits, qu'à l'état de désir, — assez naturel, d'ailleurs!... Ne sommes-nous pas tous israélites, en notre premier père?... — Certes, pèlerins de ce globe sidéral, nous avons un peu marché, en des sentiers divers, depuis le décès de ce mystérieux ancêtre. Quelques-uns se sont même croisés en route ; — mais, à la fin des fins, si des malentendus nous ont, jusqu'à présent, divisés, aujourd'hui, — n'est-il pas vrai? — les prestiges de la Science... l'effort de tous vers la justice... l'idée, surtout, du vingtième siècle et des suivants, tout cela semble fait pour inciter, vers la plus oublieuse des fusions, les hommes de bonne volonté!... — Donc, à la nouvelle de ce qui s'était passé, en cette mémorable soirée, au Théâtre-Libre, le devoir que m'indiquait le Sens-commun ne pouvait être autre que de mêler, avec enthousiasme, mes humbles accents à l'allégresse de cette précursive petite fête de famille, — d'en complimenter, avec feu, l'heureux promoteur, — et de m'occuper d'autre chose.

D'autant mieux que, selon des rumeurs bien fondées, toute une pléïade de jeunes littérateurs, ayant remarqué qu'en dehors de toute question de talent, le simple *sujet* traité par l'auteur de l'*Amante du Christ*, provoquait l'attention, les controverses, et faisait tapage, se sont mis à l'ouvrage et se proposent d'inonder nos scènes de fantaisies mélo-évangéliques, dont Notre-Seigneur sera l'un des personnages principaux. — Ce qui nous ménage des effusions nouvelles.

Pour conclure, ces présumables fruits, plus ou moins brillants, de la Libre-Pensée, ne relevant que de la Critique littéraire de laquelle je ne fais point partie, — pourquoi m'en serais-je autrement inquiété?

Soudain, voici que, dans le *Figaro* du 2 novembre récent, les mots : « *Avant tout, je suis un chrétien fervent,* » (signés de l'auteur de la pièce, M. Rodolphe Darzens) me passèrent sous les yeux ; et voici qu'ailleurs il ajoute : « *Catholique, apostolique* et *romain* ».

Ayant pris acte, j'attendis la luxueuse brochure, — précédée d'une eau-forte de Félicien Rops — et je viens de la lire.

— Maintenant, à titre de simple passant, je dois soumettre aux intéressés les très humbles réflexions suivantes — non que je m'exagère l'importance intrinsèque de cette tentative théâtrale — mais parce que c'est *la première* et qu'il est bon de prendre des mesures préventives contre l'imminence des ouvrages annoncés. Puis, pourquoi le journal *le Gil Blas* n'aurait-il pas, de temps à autre, une note grave, — à l'usage des personnes atteintes d'âme ?

*
* *

1° La « pièce » est patronnée d'une préface due à l'auteur de l'*Histoire d'Israël*, le notoire M. Ledrain. — Cet éclairé personnage, exhumant de bifides redites, s'y ingénie, — le baiser de l'Euphémisme aux lèvres, — à nous révéler que Notre-Seigneur n'est qu'« un *nabi* de la verte Galilée, le plus *séduisant des fils de l'homme*, un juste, un *jeune maître de haute raison*, etc. » — Ce qui revient à le traiter d'imposteur. — Il ajoute : « A l'exception de la *femme de Magdala*, qui ne le quitta point, le doux crucifié fut, sur le Calvaire, *abandonné de tous, même de son père.* » Or, pourquoi la Vierge sainte, l'évangéliste saint Jean, sainte Véronique, le Larron sanctifié, Joseph d'Arimathie, les saintes Femmes, gênent-ils, comme de négligeables comparses, le disert, l'émérite préfacier ?

Parce que tout l'intérêt de la Passion semble se résumer, pour cet esprit supérieur, en les préoccupations que voici — « La Magdeleine aime-t-elle Jésus *avec tous ses sens ?* Eprouve-t-il en respirant *l'arome de ses cheveux* et en *sentant la chaleur de ses lèvres*, quelque *sensation délicieuse ?* Le poète ne le dit pas. Du moins, la *tendresse* de Jésus reste *cachée* derrière un voile. C'est ce qui prouve jusqu'à quel point M. Darzens a le sentiment de la POÉSIE historique. »

C'est très galant.

Au point de vue du simple sens commun nous lisons :

(Même préface)

PAGES 5 ET 6

«Comment animer de *nos ardeurs* ces êtres merveilleux qui ont *le mieux fourni* à l'humanité la vision du divin? Les amener à la RÉALITÉ, *ce serait les faire entrer dans le néant* Vapeurs dorées, à *forme humaine*, ils *s disparaissent* dès qu'on les touche et qu'on leur *suppose* une *consistance* et des *passions charnelles.* »

PAGE 11

— « Les divinités grecques ne sont que de pures abstractions, tandis que Jésus a *réellement vécu et foulé* cette terre. Si la LÉGENDE l'a transfiguré, il n'en reste pas moins, par *bien des côtés*, par son corps et par ses discours fort *humains, l'un de nos frères.* »

Pas de commentaires n'est-ce pas?

Seulement que penser d'un auteur s'attestant « chrétien fervent », se glorifiant d'être de l'église catholique, apostolique et romaine

— et qui, néanmoins, commet l'inconséquence, plus étrange encore que junévile, de faire sanctionner son œuvre — (où parle le Christ lui-même!) — par une telle préface et un tel parrain?

2° La « pièce » n'est autre qu'un passage de l'Evangile, arrangé, *en vers*, pour le théâtre : *Sainte Madeleine chez le pharisien Simon*. — Tout d'abord, l'Evangile, pour un fidèle, étant le Livre de l'Esprit-Saint, la lettre même en est inviolable (à une virgule près, sous menace d'anathème, est-il écrit). Le Beau, dans l'Evangile, est vivant — et non fictif comme le Beau littéraire. Le mystérieux, le lointain d'un beau vers ne peut qu'altérer la vérité de ce Beau spécial. Le restreindre jusqu'à l'humain, en l'adaptant sur le lit de Procuste d'une prosodie, c'est donc risquer d'offrir, sous une étiquette, autre chose que ce qu'elle annonce, et se vouer à produire, par exemple, des vers où, comme dans la pièce, Dieu trouve que l'Asie est « IM-

MENSE. » (On croit rêver, lisant cela.) — Que l'on versifie un apostolique récit *d'après* l'Evangile, passe encore : mais *versifier l'Evangile même*, c'est s'exposer à dénaturer le sens vital d'une parole du Verbe en la modifiant selon les exigences de la métrique d'un vers. — Donc, en principe, tout essai de traduction, partielle ou totale, de l'Evangile, en vers même libres, simples, exempts de romantisme, ne peut être que présomptueux et vain. L'on se place en ce dilemme :

— Ou grâce à des ajoutis et nuances, la version se trouve inexacte : — alors, la cause est jugée ; ouvrir le dictionnaire des hérésies.

— Ou par *impossible*, elle est exacte ; — alors que penser d'un fidèle qui semble dire à l'Esprit-Saint : — « Mon cher confrère, ceci n'est-il pas bien *mieux* et *plus* beau que ce que vous avez dicté (sous-entendu en vile prose), PUISQUE ÇA RIME !

Voyons, ce nonobstant, si l'épisode suave de sainte Madeleine est exactement traduit.

Tout d'abord, dans l'Evangile, au lieu de la prétentieuse et précieuse tirade que prête à son héroïne le trop généreux auteur de la « pièce », la sainte pécheresse *ne prononce pas une seule parole*. Elle entre ; elle ne s'excuse pas ; Simon-le-*Pur* peut la chasser !... Elle ne *réfléchit* pas ! Elle ne demande pas la *permission* d'aimer ! Elle s'agenouille, répand ses symboliques parfums, mêlés à ses larmes, sur les pieds du Sauveur, et ces pieds sacrés, elle les essuie de ses cheveux, elle les baise en pleurant toujours — et *en silence*.

Mais, — et ceci est un élémentaire article de foi ! — ses péchés *lui sont déjà remis*, à celle qui, en l'oubli de tout souci de ce monde, peut en agir avec cette confiance d'élue ! à la *déjà délivrée* des sept démons, à celle dont les prunelles de voyante et l'âme illuminée remarquent si peu le *physique* du Sauveur que, Jésus étant ressuscité et lui apparaissant devant le sépulcre vide, *elle ne le reconnait même pas*, le regardant en simple humaine, et le prend *pour le* JARDINIER *du champ de mort*, et s'écrie, en un transport d'outre-monde : « Dites-moi, je vous supplie, où vous l'avez mis, afin que j'aille, et que JE L'EMPORTE ! »

C'est seulement à la *voix*, lorsque le Seigneur la nomme qu'elle le reconnaît et se prosterne. C'est à l'*appel* seul de Dieu que ses yeux redeviennent voyants.

— Il est donc, pour ainsi dire, *naturel*, que, chez Simon, le Seigneur l'assure de nouveau de toute absolution et lui dise : « Va en paix ! » car elle est en état de recevoir ce qu'on lui donne.

Or, dans la « pièce », il se trouve que le prétendu repentir de la soi-disant Marie-Magdeleine n'est, en réalité, qu'une avance hypocrite et corruptrice, — que ses pleurs pervers ne sont qu'une arme pour tenter la chasteté divine, — qu'elle veut se faire *touchante* pour induire, en péché, Celui qui a dit : « Lequel d'entre vous me convaincra d'*un* péché. » Et voici que le pseudo-Christ de

M. Darzens, alors qu'il vient d'en être dit : « qu'il voit toutes les pensées » se méprend sur la tentatrice ! Et qu'il en est dupe ! Voici que Celui qui se dressa, le fouet au poing, contre les marchands du Temple et passa au milieu de ceux qui le voulaient saisir et lapider avant l'heure précise de la Rédemption, supporte ces parfums, ces larmes viles — et de tels baisers ! Voici qu'il accepte, exalte et bénit ce qui, selon ses avertissements vertigineux, ne peut mériter que le séjour de l'essentielle-limite, où « *le ver ne mourra pas, où le feu ne s'éteindra pas !* » Et voici qu'il dit, à ce péché-vivant qui le contemple, inconscient de repentir et les yeux obscènes : « Tes péchés te sont remis *à tout jamais*, va en paix ! » Ceci ; — alors que la scène ultérieure donne à cette parole le démenti le plus flagrant, puisque non seulement la Magdaléenne *ne s'en va pas en paix*, mais paraît outrée de ce que Dieu se soit permis de lui remettre ses péchés au lieu... « *de la* COMPREN-

DRE !! » et qu'elle érupte, en faisant étalage de sa périssable chair, une lave soudaine de lubricités si révoltantes, — si répulsives — qu'elle semble, loin d'être une sainte, une énergumène !

Qu'il me soit donc permis de trouver d'une inconséquence attristante un « chrétien », dont la « ferveur » peut concevoir l'Evangile sous un pareil jour.

．

Finissons-en. — Suivent quelques vers où Madeleine se trouve brusquement *sanctifiée ! transfigurée sans autre disposition préalable*, et continue à donner, cependant, l'impression contraire — puisqu'elle appelle, tout uniment, le Sauveur « Prophète », et qu'elle demande à suivre « ceux qui *le disent* le Messie », le tout en lui affirmant qu'elle « l'aimera jusqu'à la mort d'un amour *qu'elle ne comprend pas* ». Comme si une réelle transfigurée pouvait prononcer cette petite phrase de bourgeoise vexée, ayant senti qu'il n'y avait rien à faire. J'arrive aux derniers vers pour lesquels semble être conçue la pièce. Ils sont d'un Rédempteur de fantaisie, d'un accent, d'un *ton* qui paraissent étrangers à l'Humilité divine. Un adage du Christ s'y trouve transposé et traduit plus qu'à la légère. Nulle vibration d'infini ! Le Sauveur y nomme la Magdaléenne « son épousée choisie *entre toutes* les femmes ». Les derniers mots sont en contracdiction formelle avec les Sept-Paroles ainsi qu'avec le récit de la Mort de Notre-Seigneur par son témoin l'évangéliste saint Jean.

Entrer dans la critique d'autres détails serait long et pénible. Ces réflexions suffisent pour prémunir contre d'irréfléchis mouvements d'adhésion ceux que le talent littéraire de l'auteur pourrait troubler ou séduire, — et pour entraver, peut-être, de quelques scrupules suscités en leur conscience, les nombreux écrivains qui s'apprêtent à nous exhiber d'apocryphes rédempteurs. Je n'ai rectifié que dans ce but les graves erreurs d'un frère en christianisme. Sur ce terrain, je ne connais plus de sympathies ni de réserves. Toutefois, je n'ai pas à juger l'auteur, d'abord parce qu'on ne doit juger personne, ensuite parce que mes errements, à moi-même, ne me permettent d'être sévère qu'envers moi. Le juvénile poète de l'*Amante du Christ* est, sans doute, de bonne foi, malgré de troublantes apparences. Il est dans l'âge où les fumées passionnelles peuvent obscurcir ou voiler les pures spiritualités du livre des livres. S'il est à regretter qu'il ait choisi un tel sujet, qu'il nous permette pourtant d'espérer que son âme est pareille à la fille de Jaïre, sur laquelle tomba cette parole de résurrection : « Cette jeune fille n'est pas morte : elle n'est qu'endormie. »

SOUVENIR

—

En automne 1868, je me trouvais à Lucerne ; je passais presque toutes les journées et les soirées chez Richard Wagner.

Le grand novateur vivait très retiré, ne recevant guère qu'un couple d'aimables écrivains français (mes compagnons de voyage) et moi. Depuis une quinzaine, environ, son admirable accueil nous avait retenus. La simplicité, l'enjouement, les prévenances de notre hôte nous rendirent inoubliables ces jours heureux : une grandeur natale ressortait pour nous du laisser-aller qu'il nous témoignait.

On sait en quel paysage de montagnes, de

lacs, de vallées et de forêts s'élevait, à Triebchen, la maison de Wagner.

Un soir, à la tombée du crépuscule, assis
dans le salon déjà sombre, devant le jardin,
— comme de rares paroles, entre de longs
silences, venaient d'être échangées, sans
avoir troublé le recueillement où nous nous
plaisions, — je demandai, sans vains préam-
bules, à Wagner, si c'était, pour ainsi dire,
artificiellement — (à force de science et de puissance intellectuelle, en un mot) qu'il était par-
venu à pénétrer son œuvre, *Rienzi*, *Tannhau-
ser*, *Lohengrin*, *Le Vaisseau fantôme*, les
Maîtres-chanteurs même, — et le *Parsifal*
auquel il songeait déjà, — de cette si haute
impression de mysticité qui en émanait, —
bref, si, en dehors de toute croyance person-
nelle, il s'était trouvé assez libre-penseur, assez indépendant de conscience, pour n'être
chrétien qu'autant que les sujets de ses drames-
lyriques le nécessitaient ; s'il regardait, enfin,
le Christianisme, du même regard que ces

mythes scandinaves dont il avait si magnifiquement fait revivre le symbolisme en son *Anneau du Niebelung*. Une chose, en effet, qui légitimait cette question, m'avait frappé dans une de ses œuvres les plus magistrales, *Tristan et Yseult* : c'est que, dans cette œuvre enivrante où l'amour le plus intense n'est *dédaigneusement* dû qu'à l'aveuglement d'un philtre, — *le nom de Dieu n'était pas prononcé une seule fois.*

Je me souviendrai toujours du regard, que, du profond de ses extraordinaires yeux bleus, Wagner fixa sur moi.

— Mais, me répondit-il en souriant, si je ne ressentais, *en mon âme*, la lumière et l'amour vivants de cette foi chrétienne dont vous parlez, mes œuvres qui, toutes, en témoignent, où j'incorpore mon esprit ainsi que le temps de ma vie, seraient celles d'un menteur, d'un *singe* ? Comment aurais-je l'enfantillage de m'exalter à froid pour ce qui me semblerait n'être, au fond, qu'une imposture ? — Mon art, c'est ma prière : et, croyez-moi, nul véritable artiste ne chante que ce qu'il croit, ne parle que de ce qu'il aime, n'écrit que ce qu'il pense ; car ceux-là, qui mentent, se trahissent en leur œuvre dès lors stérile et de peu de valeur. nul ne pouvant accomplir œuvre d'Art-véritable sans désintéressement, sans sincérité.

Oui, celui qui — en vue de tels bas intérêts de succès ou d'argent, — essaie de grimacer, en un prétendu ouvrage d'Art, une foi fictive, se trahit lui-même et ne produit qu'une œuvre morte. Le nom de Dieu, prononcé par ce traître, non-seulement ne signifie pour personne ce qu'il semble énoncer, mais, comme *c'est un mot*, c'est-à-dire un *être*, même ainsi usurpé, il porte, en sa profanation suprême, le simple *mensonge* de celui qui le proféra. Personne d'humain ne peut s'y laisser prendre, en sorte que l'auteur ne peut être *estimé* que de ceux-là mêmes, ses congénères, qui reconnaissent, en son mensonge, celui qu'ils *sont* eux-mêmes. Une foi brûlante, sacrée, précise, inaltérable, est le signe premier qui marque le *réel* artiste : — car, en toute production d'Art digne d'un homme, la valeur artistique et la valeur vivante se confondent : c'est la dualité mêlée du corps et de l'âme. L'œuvre d'un individu sans foi ne sera jamais l'œuvre d'un Artiste, puisqu'elle manquera toujours de cette flamme vive qui enthousiasme, élève, grandit, réchauffe et fortifie ; cela sentira toujours le cadavre, que galvanise un *métier* frivole. Toutefois entendons-nous : si, d'une part, la seule Science ne peut produire que d'habiles amateurs, — grands détrousseurs de « procédés », de mouvements et d'expressions, — consommés, plus ou moins, dans la facture de leurs mosaïques, — et, aussi, d'éhontés démarqueurs, s'assimilant, pour donner le change, ces milliers de disparates étincelles qui, au ressortir du néant éclairé de ces esprits, n'apparaissent plus qu'éteintes, — d'autre part, la Foi, *seule*, ne peut produire et proférer que des cris sublimes qui, *faute de se concevoir eux-mêmes*, ne sembleront au vulgaire, hélas, que d'incohérentes clameurs : — il faut donc à l'Artiste-véritable, à celui qui crée, unit et transfigure, ces deux indissolubles dons : la Science ET la Foi. — Pour moi, puisque vous m'interrogez, sachez *qu'avant tout je suis chrétien*, et que les accents qui vous impressionnent en mon œuvre ne sont inspirés et créés, en principe, que de *cela seul*.

Tel fut le sens exact de la réponse que me fit, ce soir-là, Richard Wagner — et je ne pense pas que M*me* Cosima Wagner, qui se trouvait présente, l'ait oublié.

Certes, ce furent là de profondes, de graves paroles... Mais, comme l'a dit Charles Baudelaire, à quoi bon répéter ces grandes, ces éternelles, ces inutiles vérités !

HAMLET

I

Toute libre intelligence ayant le sens du sublime, sait que le Génie pur est, essentiellement silencieux, et que sa révélation rayonne plutôt dans ce qu'il sous-entend que dans ce qu'il exprime. En effet, lorsqu'il daigne apparaître, se rendre sensible aux autres esprits, il est contraint de s'amoindrir pour passer dans l'Accessible. Sa première déchéance consiste, d'abord, à se servir de la parole, la parole ne pouvant jamais être qu'un très faible écho de sa pensée.

Secondement, il est obligé d'accepter un

voile extérieur — une fiction, une trame, une histoire, — dont la grossièreté est nécessaire à la manifestation de sa puissance et à laquelle il reste complètement étranger; il ne dépend pas, il ne crée pas, il transparaît! Il faut une mèche au flambeau, et quelque grossier que soit en lui-même ce procédé de la lumière, ne devient-il pas absolument admirable lorsque la Lumière se produit? Ceux-là seuls qui sont capables de s'absorber dans la préoccupation de ce procédé ne sauraient jamais voir la Lumière!

Le génie n'a point pour mission de créer, mais d'éclairer ce qui, sans lui, serait condamné aux ténèbres. C'est l'ordonnateur du Chaos; il appelle, sépare et dispose les éléments aveugles; et quand nous sommes enlevés par l'admiration devant une œuvre sublime, ce n'est pas qu'elle crée une idée en nous : c'est que, sous l'influence divine du génie, cette idée, qui était en nous, obscure à elle-même, s'est réveillée, comme la fille de

Jaïre, au toucher de celui qui vient d'en haut.

Oui, d'en haut !... Car il s'agit de hauteurs où ne sauraient atteindre les géométries ; lorsque les poètes parlent des cieux, il n'est point question de ces firmaments restreints et visibles situés au bout de la lorgnette des astronomes, mais de choses plus sérieuses et plus vivaces, qui ne peuvent ni s'éteindre, ni passer.

II

Le *moyen*, le sujet, le drame est chose si indifférente en soi pour le génie, que le génie ne se donne presque jamais la peine de l'inventer. Il se superpose, voilà tout. Il fait ébaucher le marbre par l'élève, et prend son bien où bon lui semble, sans que personne ait à l'accuser de plagiat. Hamlet n'est pas plus de Shakspeare que Faust n'est de Gœthe, ni Don Juan, de Molière. Aucun des principaux drames de Shakspeare n'est de lui, en tant que drame, comme nous le savons, maintenant. Il allait jusqu'à se conformer aux moindres détails d'une chronique, ou de l'œuvre dramatique précédente ; il prenait les phrases mêmes, les épisodes, l'action absolue, jetait dans tout cela quelques paroles, dédaigneusement, et cela suffisait pour que l'œuvre devînt telle, que tout en restant presque identique, en apparence, à l'œuvre étrangère et primitive, elle était transformée, en réalité, jusqu'à ne plus présenter de rapport appréciable avec l'antécédente. Le vagissement devenait un éclat de tonnerre.

Qu'importe, même, l'absurdité des personnages, l'impossibilité de l'intrigue, la contradiction des événements entre eux ? *Macbeth, Othello, Roméo, le roi Lear, Timon d'Athènes, Falstaff, Richard III*, sont des prétextes, et Shakspeare s'inquiète toujours fort peu des lions et des palmiers qu'il place dans la forêt des Ardennes. Ce qui traverse, comme des rayons, tout cet amoncellement de hasard, c'est la puissance multiple, infinie, qui, dans une seule scène, quelquefois, réunit, approfondit et caractérise les mille formes de l'un des sentiments principaux de notre âme, et le généralise, d'un seul coup, à tout jamais. C'est pour cela que chacun des personnages de Shakspeare ressemble à une Loi.

III

Les objections, contre les personnages de Shakspeare, paraissent faciles et victorieuses, tout d'abord ; cependant une simple réflexion les dissipe toujours ! Le prodigieux poète a véritablement tout prévu, là même où l'on croirait le trouver en défaut jusqu'au ridicule !

L'autre soir, en écoutant *Hamlet*, il nous est venu cette pensée, pendant la scène de l'esplanade du château d'Elseneur : nous nous disions :

Un Moderne, « un homme de goût », pourrait se demander ce que Shakspeare (qui jouait le personnage du Fantôme devant la reine Élisabeth, au théâtre du Globe, et le jouait de manière à produire quelque impression sur l'auditoire), oui, un Moderne pourrait se demander ce que Shakspeare lui-même eût pu répondre, si l'acteur chargé du rôle d'Hamlet, piquant brusquement son épée en terre et se croisant les bras eût interpellé, le sourire aux lèvres et comme il suit, « l'Échappé de la Nuit hideuse. »

— Tu as comparu devant Dieu, dis-tu ? *Tu as vu Dieu face à face*, — et tu viens me parler du Danemark ! Tu t'inquiètes encore d'une dame qui t'a préféré un scélérat et un ivrogne ? Tu me parles des propriétés de la jusquiame, des mystères éternels, de la politique actuelle et des bûchers sulfureux, et tu veux que je te prenne pour autre chose que pour un drap sur un balai? Mais, pauvre Ombre, si l'un de nous deux, ici, doit être effrayé de l'autre, c'est Toi ! Qui m'a donné d'un trépassé qui épilogue encore et parle de vengeance dans le Purgatoire ? Si c'est pour me débiter ces absurdités que tu es venue, chère Ombre, — franchement, ce n'était pas la peine de mourir !... Parle de choses plus sérieuses, ou retourne d'où tu viens.

Et le Moderne se répondrait, avec un sourire de compassion suffisante, que le Spectre, blessé dans sa dignité d'outre-tombe, se serait probablement « retiré » avec un cliquetis de ferraille, en entendant cette apostrophe.

Voilà, certes, une objection qui paraît concluante et sérieuse, et qui, cependant, — n'a pas le sens commun !

Car le Fantôme, par le seul fait d'être là, sous son armure, est, à lui seul, bien plus absurde que tout ce qu'il pourrait ajouter ! — Et s'il a réellement vu Dieu, s'il a contemplé l'Absolu et s'il y est entré, toute parole profonde ou puérile, sublime ou niaise, médiocre ou banale, est *identiquement* superflue et sans valeur à ce sujet, puisqu'elle ne peut se produire que dans le relatif. Et les incohérences qu'il débite sont, par le seul fait de sa présence, ce qu'il peut encore dire de plus effrayant, à cause de leur incompréhensibilité même dans sa bouche ! — Le secret de l'Absolu ne pouvant s'exprimer avec une syntaxe, on ne peut demander au Fantôme que de produire *une impression*, et moins cette impression sera définie ou limitée par sa coïncidence avec notre logique, plus elle sera ce qu'elle doit être.

Le Spectre, pour William Shakspeare, n'est qu'un être moral ; c'est l'*Obsession !* —

Mais comme des myopes ne pourraient apercevoir des spectres qui ne s'agiteraient que dans les nuées, Shakspeare a accusé l'objectivité du fantôme ; il en a exagéré la notion afin qu'elle pût être accessible au « Bon sens » de ses auditeurs. Si, d'ailleurs, il a voulu qu'Hamlet perçût réellement l'Ombre, s'il a pensé que cet effet dramatique frapperait et saisirait l'imagination de la foule, c'est parce qu'il était certain que chaque spectateur, dans le fantôme perçu par Hamlet, verrait le fantôme qui le hante lui-même, et saurait approprier les réponses à ses questions personnelles.

IV

Shakspeare avait si bien pensé de plus haut que l'esplanade d'Elseneur qu'il prend lui-même la parole, au milieu du drame, — et par la bouche de Hamlet, — pour avertir la postérité.

En effet, le monologue : « *Être ou n'être pas,* » est un magnifique désaveu. Le Public, trouvant cela « profond », ne va pas plus loin, — et il lui semble naturel que Hamlet prononce des choses profondes ; mais elles sont effectivement si profondes, ces choses, qu'elles rendraient inintelligible le personnage qui les avance, si c'était réellement lui qui les proférât.

« La Mort est un pays inconnu d'où *nul* pèlerin n'a pu revenir encore, » s'écrie Hamlet, dans son soliloque métaphysique.

Ce qui nie absolument l'Apparition.

Et si l'on excuse la contradiction en prétendant que Hamlet cherche à se délivrer de l'obsession, à douter, nous répondrons que son doute ne porte *jamais* sur le Fantôme, mais sur la nature de ce Fantôme ; il ajoute, en effet, plus tard :

« Si ce spectre, c'était — le Démon, qui voulût me tenter !... Il est facile de damner un cœur disposé à la mélancolie, et Satan est bien *rusé* ».

Que l'on compare le mobile, l'horizon, l'esprit de ces phrases maladives avec ceux du monologue, et l'on verra que celui-ci *n'a point de rapport* avec le caractère superstitieux de Hamlet ; bien plus, qu'il est, à chaque parole, en contradiction avec le drame tout entier.

Et c'est bien là le dédain profond du Génie, qui, connaissant la foule, agit et parle sans entraves, s'adresse à ceux-là seuls qu'il aime, sans être aperçu ni entendu des autres spectateurs.

Nous avons dit cela pour l'intelligence d'une chose : c'est que les œuvres hautes sont les plus faciles, sinon à composer, du moins à critiquer spécieusement.

Toutefois, un examen plus attentif, ne tarde pas à convertir le plaisant ; il s'aperçoit bientôt qu'il a été prévu, défini, enveloppé et dépassé, dans le tourbillon sublime, et lorsque Shakspeare affirme que Hamlet est « court d'haleine, » ce qui — pour descendre jusqu'à la plaisanterie — paraîtrait difficilement s'accorder avec les interminables tirades qu'il débite à tout propos, c'est de la parole humaine que Shakspeare veut parler, et qui est « courte » en effet, pour exprimer l'Idéal Éternel.

Nous aussi, nous sommes sur l'esplanade d'Elseneur ; seulement c'est nous qui sommes devenus les fantômes à force d'attendre...

Laissons cela.

Si le besoin de jeter ses impressions au vent n'était une faiblesse commune à ceux qui croient penser, rien ne justifierait l'inopportunité, l'insuffisance de ces réflexions rapides, tracées sous l'influence du moment : et s'il pouvait y avoir, à l'égard de cette œuvre géniale, quelque chose de plus superflu qu'une critique, ce serait, à coup sûr, un éloge.

AUGUSTA HOLMÈS

Voici déjà belles années que, par un soir de printemps, à Versailles, je dus à la gracieuseté d'une parente (la baronne Stoffel) d'être présenté dans un artistique salon dont quelques bons musiciens m'avaient souvent parlé avec une nuance d'enthousiasme. Je me souviens même que l'exaltation de ces Messieurs m'avait semblé d'autant plus digne d'être prise en considération que l'attrait principal de ce salon était *une* musicienne.

En effet, qu'un musicien puisse en admirer un autre, mon Dieu, comme, entre augures, on se doit la politesse d'une certaine gravité, le phénomène, quoique rare, n'est pas absolument impossible : — mais qu'un compositeur puisse admirer UNE musicienne !... Ceci passait l'étonnement. Voici, cependant, la légende que tous improvisaient lorsqu'il s'agissait de celle-là.

« Vers le milieu de la rue de l'Orangerie et entouré de très vieux jardins se trouve un séculaire hôtel bâti sur le déclin du règne de Louis XV, le bien-aimé. Là, vivent, très retirés, un savant vieillard, ancien officier irlandais, M. Dalkeilh Holmès et sa fille, une enfant de quinze à seize ans. L'aspect de cette jeune personne, fort belle, sous ses abondants cheveux dorés, éveille l'impression d'un être de génie.

« Mlle Holmès marche avec des allures de vision qui lui sont naturelles ; on la dirait une *inspirée*. Le plus surprenant, c'est la qualité toute virile de son talent musical. Non seulement elle est, à son âge, une virtuose hors ligne, mais ses compositions sont douées d'un charme très élevé, très personnel, et la partie harmonique en est traitée avec une science, un *métier* déjà solides. Bref, il ne s'agit pas ici d'une de ces enfants prodiges destinées à devenir, plus tard, de bonnes, d'excellentes ménagères, mais d'une véritable artiste sûre de l'avenir. »

*
* *

Dans un salon d'un goût très sévère, en effet, décoré de tableaux, d'armes, d'arbustes, de statues et d'anciens livres, était assise, devant un vaste piano, une svelte jeune fille. C'était une figure d'Ossian. Je redoutai même, à cette vue, que la déplorable influence d'une quelconque Mme de Staël n'eût, déjà, perverti d'un sentimentalisme rococo l'artiste enfant — qu'enfin des lectures trop assidues de *Corinne ou l'Italie* n'eussent étiolé le naturel en fleurs, la spontanéité sincère, la saine vitalité de ce jeune esprit.

Dès son accueil franc et cordial, je reconnus que je n'étais nullement en présence d'une personne emphatique, et qu'Augusta Holmès était bien un être vivant. Les musiciens, cette fois encore, ne s'étaient pas trompés.

Les habitués de la maison étaient, alors, Henri Regnault, qui venait d'immortaliser les traits de la jeune musicienne dans son tableau d'*Achille et Tétis*. — Jules de Brayer, Détroyat, Saint-Saëns, Clairin, le docteur Cazalis, Armand Renaud, Guillot de Sainbris, André Theuriet, Louis de Lyvron, et quelques rares invités.

Saint-Saëns venait d'y exécuter sa *Dalila*; Melle Holmès sa première partition de drame musical, *La Fille de Jephté*, que Gounod avait écoutée avec une surprise pensive.

Ce soir-là, nous entendîmes des mélodies orientales, premières pensées harmonieuses de l'auteur futur des *Argonautes*, de *Lutèce*, d'*Irlande* et de *Pologne*, et qui m'apparurent comme déjà presque entièrement délivrées des moules convenus de l'ancienne musique. Augusta Holmès était douée de cette voix intelligente qui se plie à tous les registres et fait valoir les moindres intentions d'une œuvre. Je me défie, à l'ordinaire, des voix habiles en lesquelles se transfigure souvent — pour l'assistance mondaine — la valeur d'une composition médiocre : mais ici, l' « air » était digne des accents et je dus m'émerveiller de *la Sirène*, de *la Chanson du Chamelier*, et du *Pays des Rêves* ; sans parler d'hymnes irlandais que la jeune virtuose enleva de manière à évoquer en nos esprits de forestières visions de pins et de bruyères lointaines. Ce fut toute une éclaircie musicale indiquant un inévitable destin.

La Soirée fut close par quelques passages du *Lohengrin*, de Wagner, nouvellement édité en France et auquel Saint-Saëns nous initia : car, sauf quelques rares auditions aux Concerts Populaires, nous ne connaissions le puissant maître que littérairement, d'après les impressionnants articles de Charles Baudelaire.

Cette musique eut pour effet de passionner la nouvelle musicienne et, depuis, son admiration pour le magicien de *Tristan et Iseult* ne s'est jamais démentie. Deux mois avant la guerre allemande, je rencontrai à Triebchen, près de Lucerne, chez Richard Wagner lui-même, Mlle Holmès ; son père s'étant décidé « malgré son grand âge » au voyage de Munich pour laisser entendre à la jeune compositrice la première partie des *Niebelungen*

— « Moins d'attendrissement pour moi, Mademoiselle !... lui dit Wagner après l'avoir écoutée avec cette attention clairvoyante et prophétique du génie. Pour les esprits vivants et créateurs je ne veux pas être un mancenillier dont l'ombrage étouffe les oiseaux. Un conseil : ne soyez d'aucune école, *surtout de la mienne !* »

Richard Wagner ne voulait pas que l'on représentât le *Rheingold* à Munich. Bien que la partition en eût été publiée il se refusait à laisser montrer l'ouvrage isolément des trois autres parties des *Niebelungen.* Son grand rêve, qu'il a depuis réalisé à Bayreuth, était de donner une exécution d'ensemble, en quatre soirées, de cette œuvre de sa vie. Mais l'impatience de son jeune fanatique, le roi de Bavière, avait passé outre : l'on allait jouer le *Rheingold* par ordre royal. Et Wagner, ayant décliné toute participation et tous éclaircissements, inquiet et attristé de la façon dont on allait déflorer l'unité de son vaste chef-d'œuvre, avait *défendu* à ses amis d'aller l'entendre. En sorte que plusieurs musiciens et littérateurs, au nombre desquels je me trouvais, et qui avaient accompli deux fois le voyage d'Allemagne pour écouter la musique du maître, ne savaient trop s'ils devaient obéir ; l'injonction était cruelle.

— « Je regarderai comme ennemis ceux qui auront encouragé ce massacre par leur présence », nous disait-il.

Mlle Holmès, résignée à la soumission devant cette menace, était désespérée.

Cependant les lettres du Kappelmeister Hans Richter, qui conduisait l'orchestre de Munich, ayant un peu rassuré Wagner, son ressentiment s'adoucit contre ses passionnés zélateurs et l'on profita de cette accalmie pour partir, quand même, à la sourdine.

J'ai, sous les yeux, une lettre, encore amère, toutefois, et dans laquelle Wagner m'écrivait, à Munich : — « Ainsi vous allez, avec vos amis, admirer *comment on s'amuse* avec des œuvres viriles : eh bien ! je compte, malgré tout, sur quelques passages *inexterminables* de cette œuvre pour sauver ce qui n'en pourra pas être compris ! »

Les prévisions du maître furent déçues par l'éclatant triomphe du *Rheingold* plutôt pressenti qu'apparu (puisque les trois autres parties des *Niebelungen*, dont il est la clef, le rendent, seules, totalement intelligible). Tous ses partisans y assistèrent, malgré la menace et la défense, et je me souviens d'avoir aperçu, ce grand soir là dans la salle, au premier rang de la *Galerie Noble,* Mlle Augusta Holmès qui, assise à côté de l'abbé Liszt, suivait l'exécution du *Rheingold* sur la partition d'orchestre de l'illustre musicien.

* * *

J'ai bien souvent eu l'occasion d'entendre, à Paris, Mlle Holmès exécuter elle-même ses ouvrages, devant un petit nombre d'amis et d'admirateurs au nombre desquels je suis heureux de m'être toujours compté.

— Un soir, pendant le siège de 1871, je me trouvai chez elle avec Henri Regnault et M. Catulle Mendès : — c'était la veille du combat de Buzenval. — Regnault, qui avait une jolie et chaude voix de ténor, enleva, brillamment, à première vue, un hymne guerrier, sorte d'*arioso* d'un magnifique sentiment, que Mlle Holmès, dans un moment de farouche « vellédisme » venait d'écrire au bruit des obus environnants. Tous les trois nous portions une casaque de soldat : Regnault portait la sienne, dans Paris, pour la dernière fois.

Chose qui, depuis, nous est bien souvent revenue vivante dans l'esprit ! Il nous chanta, vers minuit, une impressionnante mélodie de Saint-Saëns, dont voici les premières paroles.

« Auprès de cette blanche tombe.
Nous mêlons nos pleurs. »

(La poésie est, je crois, de M. Armand Renaud).

Et Regnault la chanta d'une manière qui nous émut profondément, nous ne savions pourquoi. Ce fut une sensation étrange, dont les survivants se souviendront, certes, jusqu'à leur tour d'appel.

Lorsque nous rentrâmes, après le dernier serrement de main, nous y pensions encore,

M. Mendès et moi. Bien souvent, depuis lors, nous nous sommes rappelés ce pressentiment.

Regnault trouva chez lui l'ordre de partir le lendemain matin avec son bataillon.

On sait ce qui l'attendait le lendemain soir.

Ainsi fut passée, chez Mlle Holmès, la dernière soirée de ce grand artiste, de ce jeune héros.

*
* *

Ceux qui demeurent au front de la banale mêlée et qui ont épuisé, d'avance, l'ennui de la victoire certaine, portent souvent envie aux morts : « *Invideo, quia quiescunt !* » disait le triste Luther.

Durant de longues années, sans découragements ni concessions, Augusta Holmès, on doit le constater en toute justice, n'a cessé d'espérer le moment qui, depuis l'exécution de ses *Argonautes*, d'abord aux Concerts

Populaires, et plus tard, enfin, au Conservatoire, l'a rendue non-seulement célèbre, mais incontestable dans l'Art musical. Et ceci au point que notre si éclairé Conseil municipal lui-même, en 1881, l'a nommée officiellement (nonobstant le sexe dont elle a déclaré souvent ne faire partie qu'à regret) membre du jury de l'examen pour les Concours de la Ville de Paris. C'est la première fois qu'une distinction d'un ordre aussi « sérieux » est accordée à une femme.

*
* *

Tout le Paris des premières connaît de vue cette musicienne aux cheveux dorés, très noblement belle, — et dont le front élevé annonce les hautes qualités artistiques.

Ses œuvres se sont succédées, d'année en année, toujours revêtues d'un caractère de science plus élevé, et d'une beauté de lignes mélodiques toujours plus recherchée et plus pure.

Les quelques auditions orchestrales, à la salle Herz et ailleurs, n'ont mis en lumière que des fragments de ses drames lyriques : *Astarté, Héro et Léandre, Lancelot, La Montagne-Noire*, dont elle a composé aussi les très brillants poèmes. Cependant, il nous a été possible, en ces seules soirées, de remarquer, en sa manière, le *crescendo* de puissance qui affirme les talents d'élite.

Certes, ces ouvrages — joints à une centaine de chants isolés, oratorios, symphonies — comme celles de *Lutèce* et *d'Irlande*, par exemple (dont la première fut couronnée au concours de Paris), *les Sept-Ivresses*, les *Sérénades* et tant d'autres recueils de mélodies d'un beau renom dans le monde artistique — constituent, déjà, une œuvre résistante et qui suffirait à l'illustration d'un musicien. L'on se souvient encore du succès hors de pair qu'obtint la première audition des *Argo-*

nautes, exécutée avec l'orchestre et les chœurs, aux *Concerts Populaires*. La presse musicale consacra la robuste beauté de cet ouvrage par ces unanimes éloges dont fut encore accueillie la symphonie *d'Irlande*.

La plus récente de ses œuvres, *Pologne*, fut également saluée, aux Concerts Populaires, par des applaudissements d'un caractère *définitif* en ce qu'ils placèrent Mlle Augusta Holmès, malgré le recherché de sa manière, au rang de nos compositeurs sympathiques *même à la foule*. — *Pologne* est inspirée d'après le tableau si dramatique de M. Tony Robert Fleury : *les Massacres de Varsovie* :

« Tu prieras, tu riras et danseras — et les balles de l'ennemi traverseront tes fêtes — et tu subiras le martyre, triomphante, en chantant ». — Telle est l'épigraphe que l'auteur s'est proposée de traduire en des harmonies mélodiques, sauvages parfois et savantes.

En dehors des gracieuses valeurs de détails, on ne saurait se refuser à reconnaître que l'union des deux thèmes principaux, dans le *final* de *Pologne,* sont d'un consciencieux et noble effet.

* * *

L'hiver dernier, le public difficile du Conservatoire a sanctionné en dernier ressort le succès des *Argonautes* ; aujourd'hui la Ville de Paris vient de confirmer la distinction toute spéciale qu'elle accorda, en 1881, à l'auteur de *Lutèce* ; — la cause est donc gagnée.

Augusta Holmès, ainsi admirée, n'a pas, ce nous semble, à douter de l'avenir. D'ailleurs si elle est — et nous le croyons — de la grande race de ces musiciennes d'élite dont « la voix va, s'enflant et se renforçant jusqu'au tombeau »; elle devra s'efforcer, de plus en plus, vers un idéal d'une simplicité toujours plus haute.

Pourquoi faillirait-elle à cette destinée, puisqu'elle conforme sa vie à cette souveraine devise des grands artistes : *Unus amor, unus ars?* — A ce signe sont reconnaissables ces élues, soucieuses d'autre chose que de l'engouement ou des succès passagers, — et dont le front grave, où palpite une volonté d'inspiré, tôt ou tard s'éclaire d'une lueur impérissable.

LETTRE SUR UN LIVRE

—

A un jeune litterateur.

Mon cher ami,

Votre livre se présente fort bien sans introducteur et l'honneur que vous me faites en me priant de lui en servir m'intimide quelque peu. — Quel crédit pourrais-je avoir sur un public dont la presque totalité s'absorbe en des préoccupations qui me semblent d'assez mince importance — et qui dédaigne (sans doute avec raison) les seuls soucis qui me soient chers? — Le brillant succès de plusieurs de vos contes au journal le *Gil Blas* ne prévient-il pas, en faveur de leur présent recueil, beaucoup mieux que tout ce que je pourrais ajouter?... On ne plaide pas une cause gagnée.

« Etiquetez ce livre de quelques lignes, » m'avez-vous dit. — Serait-ce que, déjà friand d'une critique, dût-elle vous gratter un peu le palais, vous ayez compté, naturellement, sur l'amitié pour que ce condiment de haut goût vous fût préparé, ce qui s'appelle *à la diable* ?

Laissez donc! — Assez de prosateurs officiels trouveront, si tel est leur plaisir, à héserber en cette première gerbe trop fleurie! Quant à moi, je manque volontiers, je l'avoue, de l'esprit indispensable pour exceller en ce genre de besogne. Je préfère me laisser charmer, oui, sans réserves malignes, par l'entrain de vos agréables récits, par l'élégance de leur tenue morale, par l'impression qu'ils produisent d'une conscience bien élevée, par leur air de bonne compagnie, la délicate aristocratie de sentiments dont ils ne s'efforcent jamais en vain de faire preuve — et, surtout, par la droiture natale qu'ils révèlent de votre caractère. Il me paraît plus sage de se laisser captiver par leur légèreté mondaine et même, quelquefois, par la prolixité toute juvénile de ce style d'enfant gâté, coupé de subites allures militaires, qui vous personnalise. — Un bon accent *français* est devenu chose trop rare pour que je me permette d'y relever les vagues négligences, que légitime, d'ailleurs, outre mesure, le plus souvent, l'enjouement même de votre manière. Trop difficiles, ces gourmets d'art littéraire aux yeux desquels vos qualités de charmeur et la poésie railleuse de cette verve qui vous est spéciale, ne suffiraient pas à justifier de votre mérite! Ne pourrez-vous, tout uniment, répondre à ces raffinés, que, saisie pour la première fois devant la foule, toute plum peut se ressentir, au début, ne fût-ce que de la nouveauté du mouvement, mais qu'au bout de quelques pages elle ne tarde pas à s'affermir, lorsque le poignet cesse d'être sensible aux entournures empesées des manchettes modernes ? Croyez-moi : traitez-les d'oublieux, ces chers confrères ! Et continuez de suivre votre belle fantaisie !

Il est doux, je le sais, à la plupart des donneurs d'*Avis au Lecteur*, de se poser sur le fronton d'un livre et, là, se carrant en juges, de considérer leur socle d'un air de si haute indulgence que c'est à peine si l'édifice semble désormais assez solide pour supporter leur poids. N'espérez pas, mon ami, que, sujet à ce vertige, je vienne, ici, vous accabler de ces éloges... sévères... au cours desquels un tel ridicule se réalise et s'étale. — Non, je ne saurais m'arroger le droit de juger quiconque.

Toutefois si, d'aventure, le passant daignait me consulter sur votre œuvre, voici ce qu'en toute sincérité je prendrais sur ma modestie de lui attester :

— « A la lecture de ce livre, l'on doit, tout

d'abord, constater, dans la nature de l'auteur, le généreux désir d'échapper à cette contagieuse trivialité de sensations et d'expressions (si lucrative de nos jours) et que l'on pourrait appeler le goût cynique.

« Donc la tendance de notre conteur commande la sympathie.

« De plus, une recherche, très distinguée, de simplicité pénètre son livre d'un curieux intérêt artistique.

« Donc ses nouvelles sont, à bien des égards, plus dignes de vogue que bon nombre de celles que l'on a coutume d'accueillir avec faveur. Elles témoignent d'un dandysme pensif, qui se concentrera.

« Quant à la valeur *en soi*, pour ainsi dire, de l'ouvrage, il y a lieu d'estimer que — (sauf deux ou trois entraînements à des propos d'un goût libertin, qui s'y trouvent, d'ailleurs, comme dépaysés et dont l'auteur, une fois revenu des premières insouciances, se défiera, soyons-en sûrs !) — tout, en ce livre, fait pressentir un talent de saine origine et de *bonne volonté*, c'est-à-dire plutôt vibrant aux appels du monde idéal qu'aux rappels du monde instinctif; — et, bien que l'esprit du livre rompe, ainsi, en visière avec le ton, convenu effrontément, de la plupart des nouvellistes de profession (dont l'uniforme est, d'ailleurs, si amusant à voir porter), ce volume est d'un écrivain fort agréable, doué, certes, d'avenir. »

Cela dit, mon cher Pierre, joyeux avènement en ces lettres parisiennes, au sein desquelles vous prenez place de prime saut, non sans quelque autorité d'allures !

Votre coup d'essai, dédaigneux de certains suffrages, affirme en vous cette sorte d'originalité consciente d'elle même qui, soucieuse de n'imiter personne, décèle un esprit net et fier, peu jaloux de succès faciles. Vous ne devez attendre, j'imagine, de notre sceptique sentimentalisme, que de flatteurs encouragements et nul doute que vos écrits futurs ne tiennent ce que les côtés exquis de cette première œuvre font déjà mieux que de promettre.

Qu'ajouterais-je de plus? — D'ailleurs, n'êtes-vous pas sûr du vert laurier? — Votre poésie particulière a cela d'attrayant qu'elle s'adresse, entre toutes, aux personnes éprises, à la fois, de rêves, de luxe et de solitude. Vous êtes de ces élus qui n'écrivent qu'en souriant — et, surtout, à l'usage de ces cœurs séduits d'avance par le brillant des mélancolies distinguées et des dédains moroses.

LA SUGGESTION
DEVANT LA LOI

La presse judiciaire nous apprend qu'aux assises madrilènes vient d'être condamné à huit ans de travaux forcés un certain Hillairaut — (pour tentative de meurtre sur la personne d'un paisible étranger résidant en Espagne, M. François Bazaine). — Cet Hillairaut, médicalement déclaré atteint de l'affection nerveuse, classée sous la dénomination d'*hystérie patriotique*, — ce qui est à dire monomane à ce quatrième degré qui confine à l'Illuminisme, — était, par conséquent, sujet à subir inconsciemment la suggestion fixe du premier passant. L'on ajoute que, par ces motifs, M. Figueroa, son défenseur, vient d'interjeter appel de cet arrêt.

Ce fait-divers n'offrirait qu'un intérêt assez restreint si les paroles suivantes, proférées, au cours de cette cause, par M. l'avocat général de Madrid, n'eussent ému l'attention d'un grand nombre de lecteurs :

« Les Tribunaux ne sont pas réfractaires aux progrès de la Science, mais ils ne sauraient considérer comme des vérités incontestables des *principes d'école* dont la justesse (l'évidence) *a besoin d'être démontrée.* »

Or :

Il est constant qu'à ces conclusions il serait loisible d'opposer, tout d'abord, ceci, qu'en France, en Angleterre, en Russie, en Allemagne, aux États-Unis, etc., etc., c'est par centaines, sinon par milliers que l'on compte, aujourd'hui, des docteurs en médecine et professeurs de physiologie prêts à ratifier la notification suivante :

« Étant donné tel individu reconnu sujet à

telle affection hystéro-nerveuse, la Science peut officiellement AFFIRMER que *le premier venu*, par le simple exercice d'une volonté plus équilibrée et sans lui laisser un soupçon ni la moindre réminiscence, conduira, s'il lui plaît, d'une manière irrésistible, ce malade à tel ou tel acte criminel, suggéré en lui et malgré lui. — Car tout hypnotisé n'est plus qu'une sorte d'absolue inconscience qui marche, agit à l'aveugle, ayant, *d'avance*, oublié l'acte qu'elle *doit* accomplir. Pour peu que le suggérant ait calculé juste les circonstances où le projet voulu pourra simplement s'effectuer, il se servira, si bon lui semble, de « son sujet » comme d'une arme sûre, frappant à distance et à heure fixe, mécaniquement, sans hésitation, peur, ni courage. Si absurde ou révoltant que puisse être l'acte dicté en l'organisme même du sujet, celui-ci l'exécutera toujours. »

N'est-il pas difficile d'appeler « principes ou dissidences d'école » un simple axiome, hors de tout conteste et que tant d'exemples appuient qu'on ne saurait plus dénombrer, sur la surface du globe, les milliers de cas provenus de sa croissante permanence?

L'espèce de fin de non-recevoir, énoncée et sanctionnée par les magistrats espagnols, paraît donc au moins des plus hasardées, en l'espèce. Les attentats de tout genre, — larcins, viols, recels, meurtres, captations testamentaires, appels forcés d'argent, reconnaissances de dettes illusoires, etc., etc., — inspirés par des manœuvres suggérantes et par voie de cet Hypnotisme magnétique de nos jours vulgarisé par la Science, — n'entrent-ils pas pour cinq ou six bons vingtièmes, au moins, dans les dessous de la criminalité moderne?

Dès lors, comment taxer de simple hypothèse, de « principes d'écoles » et de circonstance à peu près négligeable en justice, le phénomène si tristement commun de l'inconscience possible chez de très apparents criminels convaincus médicalement de telle ou telle hystérique monomanie ?

— Ah ! certes, il est fâcheux que, vu les mesures prises par les hypnotiseurs pour être oubliés de leurs suggérés, il se trouve que la justice ne peut guère mettre la main que sur ceux-ci, dont les balbutiements exaltés sont peu sympathiques.

Cependant, — (et les jurisconsultes de la Péninsule ibérique ne peuvent l'ignorer, semble-t-il) — l'on a capturé, parfois, des suggérants ! Il y a force de chose jugée à cet égard et les faits officiels qui se sont produits, *dans l'enceinte même des assises*, sont d'une nature non seulement probante, mais des plus inquiétantes pour les justiciers.

*
* *

Par exemple, et pour ne citer qu'un fait entre beaucoup d'autres, — que l'on veuille bien se remémorer le procès de cet étrange mendiant de province, du nom de Castellan, qui comparut aux assises de Draguignan (Var), les 29 et 30 juillet 1865.

C'était un gars de vingt-cinq ans, d'une laideur banale, estropié des deux jambes, mais disposant, en ses haillons infects, d'une fixité de regard d'où émanait un fluide-voulant des plus appréciables. On croirait lire un procès du moyen âge, en parcourant l'acte d'accusation.

D'après la teneur d'icelui, ce dangereux cul-de-jatte, d'un simple coup d'œil et à volonté, avait réduit presque immédiatement au servage léthargique différentes femmes jusqu'alors sans reproche. Elles ont attesté, à la barre, qu'elles en subissaient l'écœurante fascination, jusqu'à se laisser posséder, à son bon plaisir et malgré elles, dans les affres d'une paralysante angoisse.

Au surplus, voici le résumé textuel de l'acte d'accusation en ce qui regarde, par exemple, Joséphine H..., au rapport du Dr Prosper Despine.

« Il demanda l'hospitalité au nommé H...
qui habitait ce hameau avec sa fille. Celle-ci
était âgée de vingt-six ans et sa moralité était
parfaite. Le mendiant, simulant la surdi-mu-
tité, fit comprendre par des signes qu'il avait
faim ; on l'invita à souper. Pendant le repas,
il se livra à des actes étranges, qui frappèrent
l'attention de ses hôtes ; il affecta de ne faire
remplir son verre qu'après avoir tracé sur cet
objet et sur sa figure, le signe de la croix.
Pendant la veillée, il fit signe qu'il pouvait
écrire. Alors il traça les phrases suivantes : Je
suis le fils de Dieu ; je suis du ciel et mon
nom est Notre-Seigneur ; car vous voyez mes
petits miracles et plus tard, vous en verrez
de plus grands. Ne craignez rien de moi, je
suis envoyé de Dieu. Puis il offrait de faire
disparaître la taie qui couvrait les yeux d'une
femme alors présente. Il prétendait connaître
l'avenir et annonçait que la guerre civile écla-
terait dans six mois.

« Ces actes absurdes impressionnèrent les

assistants et Joséphine H... en fut surtout émue ; elle se coucha toute habillée, par crainte du mendiant. Ce dernier passa la nuit au grenier à foin, et le lendemain, après avoir déjeuné, il s'éloigna du hameau, Il y revint bientôt après s'être assuré que Joséphine resterait seule pendant toute la journée. Il la trouva occupée des soins du ménage, et s'entretint pendant quelque temps avec elle à l'aide de signes. La matinée fut employée par Castellan à exercer sur cette fille toute sa fascination. Un témoin déclara que, tandis qu'elle était penchée sur le foyer de la cheminée, Castellan, penché sur elle, lui faisait, avec la main, sur le dos, des signes circulaires et des signes de croix ; pendant ce temps, elle avait les yeux hagards. A midi, ils se mirent à table ensemble.

« A peine le repas était-il commencé que Castellan fit un geste comme pour jeter quelque chose dans la cuillère de Joséphine. *Aussitôt la jeune fille s'évanouit.*

« Castellan la prit, la porta sur son lit et se livra sur elle aux derniers outrages. Joséphine avait conscience de ce qui se passait ; mais, retenue par une force irrésistible, elle ne pouvait faire aucun mouvement, ni pousser aucun cri, quoique sa volonté protestât contre l'attentat qui était commis sur elle. Elle était évidemment en léthargie.

« Revenue à elle, elle ne cessa pas d'être sous l'empire que Castellan exerçait sur elle, et à quatre heures de l'après-midi, au moment où cet homme s'éloignait du hameau, la malheureuse, entraînée par une influence mystérieuse à laquelle elle cherchait en vain à résister, abandonnait la maison paternelle et suivait, éperdue, ce mendiant pour lequel elle n'éprouvait que de la peur et du dégoût. Ils passèrent la nuit dans un grenier à foin, et le lendemain, ils se dirigèrent vers Collobrières. Le sieur Sauteron les rencontra dans un bois et les amena chez lui. Castellan lui raconta qu'il avait enlevé cette jeune fille, après avoir surpris ses faveurs. Joséphine aussi lui fit part de son malheur, en ajoutant que, dans son désespoir, elle avait voulu se noyer. Le 3 avril, Castellan, suivi de cette jeune fille, s'arrêta chez le sieur Coudroyer, cultivateur. Joséphine ne cessait de se lamenter et de déplorer la malheureuse situation dans laquelle la retenait le pouvoir irrésistible de cet homme. « Amenez la femme la plus forte et la plus grande, disait-elle, vous verrez si Castellan ne la fera pas tomber. » Joséphine, ayant peur des outrages dont elle craignait d'être encore l'objet, demanda à coucher dans une maison voisine. Castellan s'approcha d'elle, au moment où elle allait sortir, et la saisissant sur les hanches, *elle s'évanouit*. Puis, bien que, d'après la déclaration des témoins, elle fût comme morte, on la vit, sur l'ordre de Castellan, monter les marches de l'escalier, les compter sans commettre d'erreur, puis rire convulsivement. Il fut constaté qu'elle se trouvait alors complètement insensible « Cet état était évidemment du somnambulisme. »

— Voici maintenant le résumé de la cause, d'après le docteur Liégeois.

Le lendemain, 4 avril, elle descendit dans un état qui ressemblait à de la folie; elle déraisonnait et refusait toute nourriture; elle invoquait, tour à tour, Dieu et la Vierge; Castellan, voulant donner une nouvelle preuve de son ascendant sur elle, *lui ordonna de faire à genoux le tour de la chambre et elle obéit.*

Emus de la douleur de cette malheureuse jeune fille, indignés de l'audace avec laquelle son séducteur abusait de son pouvoir sur elle, les habitants de la maison chassèrent le mendiant malgré sa résistance. A peine avait-il franchi la porte, que Joséphine tomba comme morte. On rappela Castellan : celui-ci fit sur elle divers signes, et lui rendit l'usage de ses sens. La nuit venue, elle alla reposer vers lui. Le lendemain ils partirent ensemble. *On n'avait pas osé empêcher Joséphine de suivre cet homme.* Tout à coup on la vit revenir en courant. Castellan avait rencontré des chasseurs, et pendant qu'il causait avec eux, elle avait pris la fuite. Elle demandait en pleurant qu'on la cachât, qu'on l'arrachât à cette influence. On la ramena chez son père, et, depuis lors, *elle ne paraît pas jouir de toute sa raison.*

Castellan fut arrêté le 14 avril, il avait déjà été condamné correctionnellement. La nature paraît l'avoir doué d'une puissance magnétique peu commune ; *c'est à cette cause qu'il faut attribuer l'influence* MYSTÉRIEUSE *qu'il avait exercée sur Joséphine H...*, dont la constitution se prêtait merveilleusement au magnétisme, ce qui a été constaté par diverses expériences auxquelles l'ont soumise des médecins. Castellan reconnaît que c'est par des passes magnétiques que fut causé l'évanouissement de Joséphine qui précéda le viol.

Il avoua même avoir eu deux fois des rapports avec elle, dans un moment où elle n'était ni endormie ni évanouie, mais où elle ne pouvait donner de consentement libre aux actes coupables dont elle était l'objet (c'est-à-dire pendant qu'elle était en léthargie). Les rapports qu'il eut avec elle, la seconde nuit qu'ils passèrent à Capelude, eurent lieu dans d'autres conditions, car, cette fois, Joséphine ne s'est pas doutée de l'acte coupable dont elle fut victime, et c'est Castellan qui lui raconta le matin qu'il l'avait possédée pendant la nuit. Deux autres fois, il avait abusé d'elle de la même manière, sans qu'elle s'en doutât (c'est-à-dire alors qu'elle était en somnambulisme.)

Mais ce qui doit donner le plus à réfléchir aux gens de loi de toutes nationalités, c'est qu'en plein interrogatoire, ce Castellan, par une inqualifiable impudence, osa proposer au Président des assises de tenter, sur lui et ses assesseurs, séance tenante, une petite expérience de pouvoir magnétique. L'on peut contrôler, sur les comptes rendus officiels de cette affaire, le résumé suivant :

« *Durant le réquisitoire de M. le procureur impérial, il a fait plus : il a menacé ce magistrat de le rendre, sur-le-champ, somnambule... et l'effet commençant, paraîtrait-il, à suivre la menace, M. le procureur impérial dut interrompre son réquisitoire et* CONTRAINDRE L'ACCUSÉ A BAISSER LES YEUX. » — Et l'on ajoute, s'autorisant du coupé-court aux débats qui s'est produit peu après, que juges et jurés, commençant aussi, peut-être, à ressentir les premiers symptômes d'une humiliante hypnotisation, le verdict, condamnant à *douze ans de travaux forcés* ce vermineux suppôt de Mesmer, fut prononcé pour ainsi dire à la hâte. Or, cet arrêt, d'après le dispositif que chacun peut vérifier, ne se fonde que sur le rapport médico-légal des docteurs Hériart, Paulet et Thérus, contrôlé par les docteurs Aubin et Roux (de Toulon), constatant l'abus du pouvoir suggestif chez ledit Castellan. Voir, pour commentaires de ce rapport le *Traité de Psychologie naturelle* du Dr Despine, tome Ier, page 586, et le mémoire du Dr Liégeois (de Nancy), dont a été saisi l'Institut de France, cette cause y étant citée au milieu d'une myriade de faits à l'appui.

* *
*

Sans prétendre donc, avec les facétieux de la presse d'alors, qu'un peu plus... et Président, procureur impérial, assesseurs, avocats, gendarmes et jurés allaient, sous l'inffuence du fétide vagabond, quitter leurs sièges et s'avancer à quatre pattes en plein prétoire, ou, tout au moins, y ébaucher, en costumes, un pas de caractère, aux yeux agrandis de l'assistance, — nous conclurons en disant qu'étant avérés, par des précédents d'un tel nombre, dans les annales de la Science, les multiples phénomènes de l'Hypnotisme (depuis les expériences de l'abbé Faria, en 1815, jusqu'à celles toutes récentes de MM. les docteurs Bernheim et Liébault (de Nancy) et celles actuelles, en Paris, de MM. les docteurs Luys et Charcot); il peut paraître, à tous, aussi imprudent qu'inhumain d'appliquer la loi, d'une façon par trop sommaire, à de malheureux malades aussi coupables qu'innocents, et de les expédier à tour de bras soit dans l'autre monde, soit au profond des bagnes, en certaines causes spéciales. Si c'est le critérium de toute justice de n'incriminer que le bras qui a frappé, de s'en tenir là pour statuer sur la culpabilité d'un prévenu, de rendre *quand même* responsable, enfin, du mouvement meurtrier de ce bras, le cerveau, *suggéré ou non*, qui le fit agir, alors que l'on commence par condamner à mort nos propres exécuteurs de hautes œuvres, puisqu'à ce paradoxal point de vue on n'en saurait frapper de plus coupables! — Si l'on n'applique la loi qu'à titre préservatif en ces causes douteuses et troubles, à quoi bon des travaux forcés, où la prison doit suffire? — Dans l'instruction qui précède les assises, nous pensons qu'il serait équitable de s'enquérir, en pareil cas, des amis, ennemis, parents et surtout connaissances de rencontre de l'accusé et d'examiner, tant au crible qu'à la loupe, les antécédents, opinions, us et coutumes de ces derniers. Certes, ce serait plus long, mais, souvent, l'on pourrait se saisir ainsi des *vrais criminels*, — fallût-il s'aider au besoin du magnétisme (pourquoi pas?) sur l'accusé lui-même. Quel que fût l'arrêt qui s'en ensuivrait, l'on pourrait du moins plus tranquillement prétendre, alors, que « justice est faite ».

LE RÉALISME
DANS LA PEINE DE MORT

> *Vox tacuit, periit lux, nox ruit et ruit umbra, vir caret in tumbâ quo caret effigies...*
> (Inscription sur une ancienne pierre tombale, sculptée d'une statue sans tête.)

Les considérants, d'un ordre très élevé, au nom desquels un projet de loi sur les exécutions à huis-clos vient d'être rejeté par la Cour d'appel de Paris m'encouragent à livrer aux méditations du public (à simple titre de « documents humains ») les quelques notes suivantes, crayonnées place de la Roquette, sous les fumeuses lanternes de notre instrument de supplice, au cours de la dernière exécution : celle d'un anonyme.

*
* *

A cet angle de la rue, au coin d'une guinguette en lumières, se boucle, d'un poste, la ceinture de gardes à cheval qui enserre la place. Quelle foule depuis minuit! L'inspecteur de service prend nos cartes : — Nous entrons.

Autour de nous la place est déserte et obscure. Sous les arbres, là-bas, passent des lueurs, des ombres humaines. Je m'approche. Entre deux rangs d'uniformes noirs, sorte d'allée vivante, un intervalle de vingt mètres est laissé libre ; il s'étend depuis le portail de la prison jusqu'au dallage de l'endroit pénal. Aux alentours, une centaine de publicistes causent à voix basse. L'heure tinte : on dirait les pleurs sonores du glas.

A ma gauche je vois des sabres briller: c'est un gros de gendarmes à cheval, massé dans l'ombre.

— Traversons. Mais, qu'est-ce que ceci ? Je me trouve auprès d'un objet isolé qu'éclairent, d'en haut, la lune et, d'en bas, deux falots posés à terre.

La chose est d'un brun rouge : elle éveille l'idée d'un haut prie-Dieu moyen âge. C'est placé là de plain-pied. Entre les montants de cette cathèdre je distingue, accrochée au sommet, une suspension de fonte, noircie, carrée comme un sac de soldat—et sous laquelle s'emboîte, au centre, le biais terne d'un hachoir.

C'est la « louisette ».

Quoi ! plus d'échafaud ?... Non. Les sept marches sont supprimées. Signe des temps. Guillotine de progrès dont on ne se range que... comme de la courroie de transmission d'un moteur. En vérité, ce meuble pourrait servir à couper le pain chez les grands boulangers. Où donc est la simple dignité de la Loi, l'indémodée solennité de la Mort, la hauteur de l'exemple, le « sérieux » de la sentence ? Phrases, paraît-il, tout cela...

C'en est une, aussi, de dire cela : car on ne sort pas des phrases, sur la terre. Les uns se traduisent en phrases viles, les autres en phrases nobles : — chacun son choix : *et l'on n'est pas libre de choisir* : c'est fait en naissant, de quelque sourire que l'on essaie d'en douter.

— Passons. — Pendant que je regarde flotter sur le miroitement de la large lame l'ombre des feuillages environnants, cette lame disparaît tout d'un coup. J'entends un choc sec et lourd, amorti par des ressorts, — pareil à celui d'une *demoiselle* enfonçant un pavé. Je comprends. C'est un essai. La planche mortelle s'est couchée sur sa coulisse, comme une rallonge de table, plagiant ainsi le chevalet du classique Procuste. Rien de nouveau sous la lune! Donc l'on répète, ici, le drame pour les accessoires. — Ah ! j'aperçois, soudain, à côté de moi, le metteur en scène lui-même, qui échange un coup d'œil oblique avec ses deux régisseurs. — En face de l'instrument se tient quelqu'un (M. le chef de la Sûreté, je crois) devant la censure duquel on a fait jouer le tragique mécanisme. Il approuve de la tête, en silence, — puis tire sa montre dont il essaie de distinguer l'heure.

Ayant résumé l'outil d'un regard, il se dirige vers le seuil de la prison pour les derniers ordres, car le petit jour blanchit peu à peu l'espace, les choses, les silhouettes ; lanternes et réverbères jaunissent. Le moment approche.

Chacun pense : Dort-il ?

Le geôlier-chef, qui passe, affirme que « oui, et profondément. »

A l'entrée, auprès d'un fourgon, je vois une forme noire, un prêtre : c'est l'aumônier. Je viens à lui. Sa voix est fort émue, ses yeux sont en pleurs ; il a le frisson. Il est tout jeune ; long et blond. C'est sa première tête. Mais on l'appelle à voix basse. Il est temps de réveiller le dormeur. Il entre, suivi des cinq ou six témoins d'ordonnance. L'exécuteur et ses seconds ferment la marche.

Leur réapparition, augmentée d'un nouveau personnage, se produira, désormais, sous trente ou trente-cinq minutes au plus.

Je m'éloigne donc et me promène dans une allée, vers la foule lointaine.

Les étoiles pâlissent : on commence à s'entrevoir.

*
* *

Je suis un peu pensif, je l'avoue. De cette guillotine moins l'échafaud, — de cette chute, un peu trop basse, en vérité, du couteau légal (qui a l'air de s'abîmer dans une souricière) se dégage, pour tout esprit, l'impression d'on ne sait quelle grossièreté dérisoire, commise envers la Loi, la Nation, l'Humanité et la Mort. Ce sans-façon trivial, cette exagération dans le terre-à-terre de l'instrument justicier n'est ici que de la plus choquante inconvenance.

Guillotine d'un peuple d'hommes d'affaires. — L'aspect de l'appareil semble, en effet nous dire, avec une prud'homie spécieuse :

— « Tel individu a tué. Soit. Nous l'expédions donc à son tour, de la manière la plus brève, la moins cruelle possible, c'est-à-dire en gens pressés, pratiques AVANT TOUT et peu soucieux du théâtral, du déclamatoire. Pour lui épargner quelques secondes d'angoisses inutiles, NOUS avons supprimé des marches d'un moyen âge aujourd'hui démodé, ce qui réduit la peine au *strict* nécessaire. »

* *
*

— *Nous ?...* Qui cela ?

Tout d'abord cette mesure doit être illégale, car une loi, quelque ancien décret, un droit de coutume française, au moins (que la Révolution, elle-même adopta mille et mille fois), ont dû prescrire l'échafaud, stipuler sa hauteur approximative et son ensemble formel, *comme condition expresse, réglementaire, du fonctionnement normal de la peine de mort.* Or, cette loi, ce droit, ce décret, n'ayant pas été rapportés par les Chambres, nul particulier, se couvrît-il d'un assentiment tacite ou verbal quelconque, n'a licence de les abroger ni de les modifier à mesure et au gré de son fantaisisme.

Quant à la prétendue philanthropie de cet « adoucissement », 1° le condamné qui s'évanouit durant la toilette, anesthésié par sa syncope, ne ressentira nul surcroît d'horreur pour quelques marches qu'on l'aide à monter; d'ailleurs, se laisser porter en cette circonstance, c'est mériter d'être porté.

2° Celui qui, d'une conscience enfin réveillée, peut-être, par l'expiatoire agonie quotidienne qu'il a subie depuis l'heure de son arrêt, *tient*, maintenant, à bien montrer que, sans exagérée terreur ni vile forfanterie, il meurt du moins mieux qu'il n'a vécu, a droit, en toute éventualité, à ce que son désir prévaille ici. Les marches de l'échafaud sont, en effet, la *propriété* de tout condamné à mort, et c'est le frustrer d'une illusion *quand même sacrée* que de lui ravir, avec elles, l'occasion de sauvegarder en nous (s'il y tient) sa triste mémoire d'une aggravation d'opprobre imméritée.

Bref, en abaissant à ce point son instrument de mort avec des allures d'une obséquiosité déplacée, d'une sensiblerie louche, la Loi n'a pas à donner à celui qu'elle punit l'exemple du cynisme.

Il ne peut que trop se passer, la plupart du temps, de cet encouragement-là.

Quant au « théâtral » et au « déclamatoire », on ne l'évite pas. On conserve les mille fantasmagories d'un cérémonial suranné, les hermines et les robes rouges de la Cour d'assises, le ton solennel de la sentence, le déploiement nocturne des troupes, le salut funèbre des sabres, l'embrassement du prêtre, (qui ne doit plus sembler à d'aucuns qu'une dernière concession au moyen âge, une perte de temps), toute cette antique mise en scène de mystérieux symboles, on la tolère, — mais en éludant comme oiseux celui de l'Echafaud qui, *seul*, les conclut, les sanctionne et en rétracte l'intime réalité ; l'on dément le respect (dès lors douteux !) dont on feignait de les honorer jusqu'à lui ; l'on compromet ainsi le sérieux de tout le reste de la Loi, ce qui ne peut qu'inquiéter gratuitement les dernières consciences.

On ne peut supprimer un anneau dans la chaîne des symboles de la loi sans infirmer les autres et faire douter de leur gravité.

Au dire de quelques-uns, la presse qui entoure la guillotine, aujourd'hui, suffit à la publicité de l'exécution : la plate-forme ne ferait plus que double emploi. — *Mais c'est le fait unique de tuer au grand air* qui constitue la publicité donnée par la Loi ! La presse n'est là que pour constater cette publicité même, dont elle fait partie, et pour la divulguer ensuite à la foule, comme le vent qui passe emporte un cri.

La Plate-forme notifie tout autre chose ! En effet, l'Etat s'arrogeant, ici, froidement, un attribut d'un caractère extra-vital, absolu, *divin*, pour ainsi dire, l'Echafaud, dans son figuré, ne doit être élevé au-dessus du niveau moyen des têtes humaines que par ce qu'il représente et matérialise le terrain supérieur de la Loi — qui, au-dessus de toute vengeance individuelle ou sociale, avertit et préserve SEULEMENT au moyen de l'expiation même, — et qui, ne pouvant en aucun cas, descendre jusqu'au criminel, l'élève jusqu'à elle pour ne le frapper qu'à hauteur d'Humanité.

La guillotine, en un mot, n'est qu'un billot perfectionné, lequel n'a de raison d'être que sur sa plate-forme officielle. Elle et lui sont d'ensemble. Une même dénomination sombre enveloppe leur œuvre commune. Aux yeux de la foule, les marches de l'Echafaud sont impressionnantes pour le même motif que les gradins d'une estrade sur laquelle on distribue des récompenses sont honorifiques. Car ce n'est pas sur un échafaud d'où l'on puisse descendre, ni sur un tel échafaudage, que monte ici le criminel : *être monté sur l'Echafaud* signifie que l'on y est mort — et ce qui constitue l'exemple, bien plus que le spectacle restreint du fait, c'est la tradition d'effroi de cette parole autour d'un nom. *Avoir été guillotiné* n'est qu'une locution elliptique sous-entendant, quand même, *sur l'Echafaud*. De telle sorte que soustraire celui-ci de l'exécution, c'est faire mentir la Loi, c'est avouer qu'*on ne l'ose plus qu'à demi* ce qui, est d'une timidité indigne d'une jurisprudence respectée.

Concluons. — Si, comme on nous l'affirme, cette étrange modification n'est due qu'à l'imaginative de feu l'exécuteur précédent, je trouve qu'il a excédé, ici, son mandat. Qu'il ait amélioré l'*économie* de la machine, rien de plus louable ! Mais qu'il ait touché à ce qui *doit* la supporter... ceci n'était plus de son ressort. Ce fut là du zèle, et l'esprit de la Loi ne saurait s'inspirer, dans l'espèce, des uniques lumières de ce conseiller. Or, cette guillotine tombée, sournoise, oblique, dépourvue de l'indispensable mesure de solennité qui est inhérente à ce qu'elle ose, a simplement l'air d'une embûche placée sur un chemin. Je n'y reconnais que le talion social de la mort, c'est-à-dire l'équivalent de l'instrument du crime.

Bref, *on va se venger* ici, c'est-à-dire équilibrer le meurtre par le meurtre, — voilà tout, c'est-à-dire commettre un nouveau meurtre sur le prisonnier ligotté qui va sortir et que nous guettons pour l'égorger *à son tour*. Cela va se passer en famille. Mais, encore une fois, c'est méconnaître ce qui peut seul conférer le droit de tuer dans cet esprit-là, de cette façon-là ! L'ombre que projette cette lame terne sur nos pâleurs nous donne à tous des airs de complices : pour peu qu'on y touche encore d'une ligne, cela va sentir l'assassinat ! Au nom de tout sens commun, il faut exhausser, à hauteur *acceptable*, notre billot national. Le devoir de l'Etat est d'exiger que l'acte suprême de sa justice se manifeste sous des dehors mieux séants. Et puis, s'il faut tout avouer, la Loi, pour sa dignité même, qui résume celle de tous, n'a pas à traiter avec tant de révoltant dédain cette forme humaine qui nous est commune avec le condamné et en France, définitivement, on ne peut saigner ainsi, à ras de terre, que les pourceaux ! La Justice a l'air de parler argot, devant les dalles ; elle ne dit pas : Ici l'on tue ; mais : *Ici l'on rogne.*

Que signifient ces deux cyniques ressorts à boudins qui amortissent sottement le bruit grave du couteau ? Pourquoi sembler craindre qu'on l'entende ? — Ah ! mieux vaudrait abolir tout à fait cette vieille loi que d'en travestir ainsi la manifestation ! Ou restituons à la

Justice l'Echafaud dans toute son horreur salubre et sacrée, ou reléguons à l'abattoir, sans autres attermoiements homicides, cette guillotine déchue et mauvaise, qui humilie la nation, écœure et scandalise tous les esprits et ne fait grand'peur à personne.

Cependant, l'on a regardé comme inopportune, parait-il, la réclamation présentée à ce sujet par divers notables écrivains de la presse française, — et l'on a prétendu, même, *que cette question ne la regardait pas.*

Nous ne voulons répondre à cette fin de non-recevoir que par l'exposé du raisonnement suivant dont l'évidence est, à nos yeux, tout à fait indiscutable.

* * *

Les juges de la Cour d'assises ne font que traduire en langue légale l'arrêt prononcé par notre délégué social, le chef des jurés.

Or, en dehors de la direction des débats

pour la mise en lumière exacte du crime, on ne saurait contester l'influence *quand même* sourde, secrète, que les froids commentaires de la presse font peser, pendant le cours du procès, sur l'opinion souvent indécise, mal formée et un peu insoucieuse de la foule, — partant sur la détermination des membres mêmes de ce jury, lequel, en son ensemble, n'est que le mandataire de la conscience publique.

Inconsidérées ou profondes, ils ont LU nos paroles : elles ont eu, *quand même*, à leurs yeux, un poids — dont celui du couteau n'est souvent que l'incarnation, l'ensemble incorporé. La main que nous appuyons sur la balance est dangereuse, elle décide, parfois, — on nous l'a reproché ! — la chute du plateau mortel, si bien que telles de nos plumes en gardent un reflet de sang.

— « Tant pis pour vous », nous dit, en notre conscience, la Loi, « si vous n'êtes pas à la taille de vos paroles, si, ne leur accordant que peu de portée, vous n'en pesez pas les conséquences — et si enfin, *vous ne savez ce que vous dites* !... Moi, j'agis, en silence, d'après leur sens intrinsèque et leur impression sur la foule. »

Le Chef de l'Etat, lui-même, en dernier ressort, non-seulement ne peut se soustraire tout à fait à l'influence de ces paroles qui ont moulé l'opinion sur elles comme les brins de neige deviennent l'avalanche, mais n'étant, lui-même, que l'expression du suffrage de la foule, il DOIT en tenir un compte des plus graves, presque *définitif*, — sans quoi la grâce ou la mort ne dépendant plus que de son arbitraire isolé, son droit suprême d'en décider serait un apanage en contradiction avec le principe qui lui confère le pouvoir exécutif.

Et il n'est d'ailleurs pas fâché, le bon vieillard,[1] de rejeter autant qu'il le peut, sur

---

[1] Alors M. Grévy.

nous seuls, la plus lourde part de cette responsabilité.

Il ne faut donc pas nous le dissimuler : nous sommes loin d'être étrangers à la plupart des sentences dont s'ensuit une tête : nos propos conseilleurs, parfois persuadeurs, ont été d'une pesée obscure sur cette tête ; — nous aurons beau nous en laver les mains, ces ablutions seront vaines. Et la presse est si bien mêlée à la sentence qu'il semble tout naturel que, mêlé aussi à la force publique, elle entoure la machine aux heures fatales, et fasse, pour ainsi dire, partie intégrante, complémentaire de l'exécution.

*
* *

Si donc la presse est, à ce point, prépondérante en ce qui, moralement, touche à l'application de la peine de mort, comment n'aurait-elle pas qualité pour se préoccuper du mode physique de l'application de cette peine ! Il nous semble qu'elle a le droit d'être écoutée, ici, attendu qu'elle peut, ici du moins, conclure en connaissance d'une cause qu'elle eut souvent le loisir d'étudier de près.

C'est pourquoi, si les marches de l'échafaud sont jugées *convenables* par la presse, c'est qu'au fond l'opinion publique, aussi, les juge *convenables*, pour ne pas dire plus : et que, par conséquent, cette revendication doit être prise au sérieux lorsque la presse en vient à la formuler.

Oui, tout le monde s'écœure, depuis longtemps, des impressions de boucherie que cause cette guillotine absurdement embusquée au ras du sol !

Quelque *positif* que puisse être le raisonnement, — si, toutefois, il y eut raisonnement, — en vertu duquel tel ou tel personnage a pris sur lui de soustraire les marches légales de l'échafaud, (est-ce qu'on les aurait vendues, aussi, en sous-main ?) nous prétendons que cette guillotine de basse-cour est choquante pour notre humanité.

⁂

Comme j'achève ces réflexions moroses, j'entends un cri lointain, suivi d'une rumeur. Un « curieux » (on dirait que c'est toujours le même), vient de se laisser choir d'une échelle, d'où il voulait « mieux voir », et, dans sa chute, s'est, au dire d'un gardien, « fracturé la boîte osseuse ». On l'emporte agonisant. — Tout à l'heure, il eût traité de farceur celui qui lui eût chuchoté à l'oreille : « C'est toi qui passes le premier ». — Ah ! quel rêve, cette vie ! Quel feu de paille attisé par des ombres !... Cependant, la foule n'accorde aucune attention à ce décès : l'incident n'est, pour elle, qu'une sorte de lever de rideau. Ce défunt banal vient d'essuyer la planche. — Pourquoi son trépas n'intéresse-t-il personne ? N'est-ce donc pas mourir qu'on est venu voir ?

Non. Pas précisément, puisque tête brisée

vaut tête coupée. D'ailleurs, derrière ces arbres, ces chevaux, à cette distance du drame, la foule sait bien qu'elle ne verra pas « couper la tête ». — Alors pourquoi vient-elle passer la nuit, ici, debout dans le froid et les ténèbres ?... Pour communier moralement et du plus près possible avec l'horreur d'un homme qui, seul entre les humains, *est averti de l'instant où il va mourir*. C'est, jointe à la célébrité sinistre de cet homme, la *seule solennité de* SA MORT qui fascine la foule et l'épouvante ; c'est, enfin, *ce qui reste de l'échafaud* dans l'imagination de cette foule qui l'impressionne, la moralise peut-être et lui donne à réfléchir ! Et non point la mort *en soi*, laquelle n'est qu'un fait secondaire, qu'elle voit tous les jours, pour lequel elle ne se dérangerait pas — attendu, vous le constatez, que le phénomène en est si insignifiant à ses yeux qu'elle vient d'y demeurer complètement indifférente.

⁂

Rapprochons-nous. C'est pour... dans quelques instants.

Me voici tout auprès du sombre instrument : j'ai pris place dans une sorte d'éclaircie de l'allée vivante dont il a été parlé. Il faut examiner jusqu'à la fin tout cet accomplissement.

Quatre heures et demie sonnent. Les formalités du réveil et de la hideuse toilette sont terminées. A travers la petite porte, scindée dans le portail même de la prison, je vois qu'on lève la grille de l'intérieur : le condamné est en marche vers nous, déjà, sous les galeries — et... avant un instant... Ah ! les deux vastes battants du noir portail s'entr'ouvrent et roulent silencieusement sur leurs gonds huilés.

Les voici tout grands ouverts. A ce signal,

vu aux lointains, de tous côtés, on se tait ; les cœurs se serrent ; j'entends le bruissement des sabres ; je me découvre.

L'exécuteur apparaît, — le premier, cette fois ! — puis, un homme, en bras de chemise, les mains liées au dos, — près de lui, le prêtre : — Derrière eux les aides, le chef de la sûreté publique et le directeur de la prison. C'est tout.

— Ah ! le malheureux !... — Oui, voilà bien une face terrible. La tête haute, blafard, le cou très nu, les orbites agrandis, le regard errant sur nous une seconde, puis fixe à l'aspect de ce qu'il aperçoit en face de lui. De très courtes mèches de cheveux noirs, inégales, se hérissent par place sur cette tête résolue et farouche. Son pas ralenti par des entraves, est ferme, car il ne *veut* pas chanceler. — — Le pauvre prêtre, qui, pour lui cacher la vue du couteau et lui montrer l'au-delà du ciel, élève son crucifix qui tremble, est aussi blanc que lui.

A moitié route, l'infortuné toise la mécanique :

— Ça...? C'est là-dessus ?... dit-il d'une voix inoubliable.

Il aperçoit la grande manne en treillis, béante, au couvercle soutenu par une pioche. Mais le prêtre s'interpose et, sur la licence que lui en octroie celui qui va périr, lui donne le dernier embrassement de l'Humanité.

Ah ! lorsque sa mère, autrefois, le berçait, tout enfant, le soir, et, souriante, l'embrassait, heureuse et toute fière, — qui lui eût montré, à cette mère, cet embrassement-ci au fond de l'avenir !

Le voici, debout, en face de la planche.

Soudain — pendant qu'il jette un coup d'œil presque furtif sur le couteau — la pesée d'un aide fait basculer le condamné sur cette passerelle de l'abîme ; l'autre moitié de la cangue s'abaisse : l'exécuteur touche le déclic... un éclair glisse... plouff ! — Pouah ! quel éclaboussis ! Deux ou trois grosses gouttes rouges sautent autour de moi. Mais déjà le tronc gît, précipité, dans le panier funèbre. L'exécuteur, s'inclinant très vite, prend *quelque chose* dans une espèce de baignoire d'enfant, placée *en dehors*, sous la guillotine...

La tête que tient, maintenant, par l'oreille gauche, le bourreau de France — et qu'il nous montre — est immobile, très pâle — et les yeux sont hermétiquement fermés.

Détournant les regards vers le sol, que vois-je, à quelques pouces de ma semelle !...

La pointe du Couteau-glaive de notre Justice Nationale effleurer piteusement la sanglante boue du matin !

LE CANDIDAT

Comédie en quatre actes, par GUSTAVE FLAUBERT.

—

Lorsque sur la dernière scène du drame, la toile est tombée, comme la nuit sur les coassements d'un marécage, le public du Vaudeville est demeuré, pendant un bon moment, comme interdit, et pouvant à peine en croire ses oreilles. J'ai un faible pour ce public, lequel est tout particulier. J'ai eu affaire à lui, naguère, et c'est toujours avec intérêt que je l'observe, à l'occasion.

« Eh bien mais ? Et le dénouement ?... cela n'est pas fini ?... » demandait-il machinalement par une vieille habitude.

Il voulait son maire et son notaire.

Hélas! c'était impossible. On ne pouvait lui servir son plat favori, attendu que, cette fois, la comédie ne finit pas, n'ayant jamais commencé. Le *Candidat* dure toujours, avec son auréole de satellites : il est, voilà tout ; il continue au sortir de la salle, en renchérissant peut-être. C'est le serpent qui se mord la queue ! Demander la fin de cette comédie, autant demander la suppression de la Chambre. On aurait dû arrêter comme radicaux et subversifs les gens qui ont osé réclamer une chose pareille.

« Mais... ce n'est pas une pièce, alors ! » dit le public, avec ce sourire qui le distingue.

Simple question : Quel est, aujourd'hui, l'être véritablement humain qui pourrait, sans rougir, nous dire ce qu'il entend par une « *pièce* » ?

Les gens qui font des pièces disent-ils : « J'écris un drame » ? Non, ils disent : « *J'ai une grosse machine sur le chantier.* » Est-ce

que l'on dit : « C'est une œuvre bien faite » ?
Non, mais : « Voilà une « pièce » *bien charpentée* » Est-ce que l'on dit : « L'habileté scénique » ? On dit : « *Les ficelles* du théâtre ».

De sorte que ce n'est peut-être point par incapacité que certains auteurs écrivent de mauvaises « pièces », celles-ci étant, en réalité, beaucoup plus difficiles à faire que les bonnes.

Nous ne ferons pas à Gustave Flaubert l'injure de penser qu'il s'attendait à un succès d'applaudissements : un tel succès eût été pour lui, au contraire, d'un désappointement réel, quelque chose comme le signe d'un long feu, puisque son intention a été d'écrire non une « pièce », mais d'exhiber une superbe collection d'orangs-outangs et de gorilles jouant avec des miroirs.

Maintenant, le condamné applaudit-il à la lecture de sa sentence ? Non. Il baisse la tête et il veut s'en aller, car il ne « s'amuse » pas. Pour ce qui est de l'argent que coûte un fauteuil ou une loge, il est d'usage, en justice, que le Condamné paye aussi les frais du procès.

Inutile d'analyser cette œuvre curieuse et parfois sombre. Le *Candidat* ne dépend pas de son *intrigue*, il est situé plus haut que l'*ingéniosité* du détail, plus ou moins « combiné ». Sans cela, nous déclinerions l'honneur de nous en occuper. M. *Heurtelot*, Mlle *Louise*, maître *Gruchet*, ont leur valeur nominale, sans doute ; mais qu'ils se développent à travers telle intrigue ou telle autre, peu importe la mèche du flambeau. Le *Candidat* contient des scènes écrites splendidement, et d'une âpreté d'observation extraordinaire. Voilà l'important. C'est une œuvre morale, car c'est la photographie de la Sottise se vilipendant elle-même. La turlupinade y est parfois si glaciale, que les personnages y deviennent plus vrais que la Vérité, ce qui cause une expression fantastique. *Rousselin* est tout simplement épouvantable. C'est le Sot, en trois lettres, tenant la foudre !

Une vanité satanique agitant sa sonnerie dans le néant d'un vieux cerveau bourgeois, et conduisant un père à implorer, aux genoux de sa fille unique, le renoncement au fiancé qu'elle aime, afin d'assurer par là vingt-cinq voix de plus, est une scène au moins aussi étrange que celle où Balthazar Claës se livre à quelque chose d'analogue pour sa pierre philosophale.

La scène de l'Aumône souillée par l'intérêt superstitieux est saisissante et donne à songer. Le Candidat se prive d'une belle montre pour que le Créateur le lui rende au centuple et lénifie les hasards du scrutin en sa faveur. Rousselin a l'air de mettre Dieu lui-même en demeure de l'oindre député, et lui force la carte... d'électeur.

Nous ne nous permettrons qu'une simple observation.

L'auteur a reculé devant les fautes de français, qui étaient une nécessité du rôle de Rousselin.

Pourquoi ? — Un député un peu sérieux n'eût pas reculé, lui. La collection du *Moniteur* à la main, je mets au défi un représentant quelconque de me démentir. Ceci était un élément constitutif et vital pour la vérité du personnage. Il semble, parfois, qu'il lui manque quelque chose. On se demande, très sérieusement, comment il fera, à la Chambre, pour être estimé et pour convaincre.

Le jeune poète, Léon Duprat (pourquoi le nom même de Lamartine ? L'Auteur n'y a point pensé au baptême, sans doute,) Duprat, disons-nous, est une petite perle.

Ce sentimental galopin, en qui tout sonne le vieux toc et au travers du sublime duquel on distingue toujours un vague pain de sucre originel, comme une montagne à travers un nuage, est bien de la famille de ces solennels imbéciles qui poussent le vice jusqu'à mourir à l'hôpital pour duper le bourgeois et attraper la Gloire par cette tricherie, comme on attrape une mouche sur un mur. Ces malheureux ont une façon de parler des étoiles qui dégoûterait de la vue du ciel si on les écoutait. Chaque fois qu'ils s'écrient : « Dieu ! l'âme ! l'amour ! l'immortalité ! l'espérance ! » Il semble que l'on entend cette phrase fatidique : « Et avec ça ?... » Et l'on cherche un crayon derrière leur oreille. — Encore un qui, s'il s'écrie : « Je vais manger un bifteck », se croira obligé d'ajouter avec un sourire sardoniquement triste : « Ce n'est pas *très poétique*, mais, hélas !... » Bref, un odieux petit bonhomme, qui n'a vu dans *Hernani* que les poignards de Tolède et qui trouvera un jour, comme ses pairs, sous un prétexte ou sous un autre, que le Maître sublime de la Poésie a été surfait. Total : un jeune *Zéro* mécontent du coquin de Sort, et très content d'être pris pour *un* par ces mêmes bourgeois dont il est l'âme *endimanchée*, et rien de plus. Ce Duprat est tracé dans le *Candidat* de façon à faire pâmer toute la rue

Saint-Denis. « Comme il a l'air *artiste* ! » disait une dame au foyer.

Il manque peut-être, à cette œuvre, un cinquième acte, où tous les personnages se fussent tout à coup montrés sublimes sans motifs. Le public et le gros de la critique (qui est son porte-voix) eussent été alors agréablement surpris en s'apercevant qu'étant donnée la sphère intellectuelle où rayonne l'esprit de ce drame, il revient *exactement au même* que les personnages en soient vils ou héroïques.

Un écueil était à éviter dans cette comédie étrange : c'était de montrer du génie. Flaubert, en grand observateur et en artiste parfait, a doublé le cap des Desgenais et des types à maximes. Il aurait plu, s'il avait usé de cette rengaine. Il a préféré froisser jusqu'à la stupeur et rester consciencieux. Pas un *e parta* qui sauve Duprat ! Flaubert a peint tous ces écorchés avec leur propre sang. Aucun de ses personnages n'est même *tout à fait* une canaille ! Bref, le *Can-*

didat n'est qu'un vaste haussement d'épaules désintéressé et sincère, c'est-à-dire la chose la plus rare qui soit en littérature.

Concluons :

Attendu que les sots ont toujours du génie quand il s'agit de nuire, et que, dans la souffrance, ils déshonorent la pitié qu'on a pour eux par le sentiment qu'ils gardent toujours de nous avoir « mis dedans » ; attendu que la sottise est l'hydre à tête de colombe, le repentir du Créateur, l'ennemie éternelle, il n'y a pas de merci à lui faire. Notre devoir est de la décalquer sans pitié : car, pour elle, quel châtiment est comparable à celui de *s'apercevoir elle-même ?*

Donc, bravo et gloire à cette comédie. Après elle, la porte est fermée sur toute scène de candidature !... Le type est créé à jamais. Quant au soi-disant insuccès théâtral, il n'est un peu triste que pour le public.

Le seul moyen spirituel d'exécuter la « pièce » eût été de l'applaudir. Mais si le public eût été capable de ceci, Gustave Flaubert ne l'eût pas écrite.

Ah! qu'on le sache bien!... Le théâtre futur crève, à chaque instant déjà, les vieilles enveloppes. Il commence. En dépit des insignifiants et gros rires, la foule s'aperçoit peu à peu que, dans une œuvre dramatique, l'*Ingéniosité de l'intrigue*, prise comme élément fondamental et hors duquel la « pièce » tombe en poussière comme une larme batavique dont on casse le petit bout, est une chose sans valeur et qui vole le temps général. Oui, mais l'heure vient où, après tant de lugubres heures causées en partie par ces mêmes incapables qui crétinisent le public en agitant chaque soir, devant son sourire de bébé, le hochet de sa décrépitude, l'heure vient où il ne suffira plus de flatter quelque bas instinct, quelque fibre égrillarde, quelque sale pensée (que l'Anglais lui-même chasse ignominieusement de sa vieille terre, car il sait où cela conduit); l'heure vient, disons-nous, où il ne suffira plus d'être un parfait farceur pour accaparer *toutes* les scènes et continuer, en dansant toutes les gavottes d'un esprit immodeste, d'hébéter l'attention publique et de parachever notre triste aventure. — L'heure menace où le public ne s'intéressera plus outre mesure aux dimensions anormales que peut présenter le nez d'un comédien, et ne répandra plus de larmes sur les péripéties que peut offrir le mariage final de Paul Gâteux avec Aglaé Mâchouillet, mise à mal par ce traître de Rocambole, tiré à des millions d'exemplaires. Oui, cette heure approche où il ne s'agira plus de faire cliqueter devant la foule quelque vieux toc patriotique, pour masquer, en trichant avec le vieil art de Molière et de Shakespeare, pour lequel on n'est pas fait, l'incapacité réelle où l'on se trouve d'écrire une œuvre haute, sincère et profonde. Le public fera justice du fameux « vive la France ! » qui éclate pour *sauver* une œuvre niaise, et qui fait rougir, attendu que, là, ce cri ne révèle que l'amour des droits d'auteur et non celui de la Patrie ! Oui, la foule a déjà fait justice du « merci, mon Dieu !... » qui ne croyait mie en Dieu, mais bien à des choses plus « sérieuses » ; et de « la croix de ma mère », qui lui disait clairement : « Voyez quel bon fils je suis, moi, l'Auteur ! Ainsi, remplissez ma salle, pour me récompenser des bons sentiments que je dois avoir, et applaudissez un bon fils, *puisqu'un bon fils* (sous-entendu COMME VOUS !)..., ne peut manquer d'être un poète et d'avoir le véritable talent dramatique. » Et alors le public flatté donnait dans cette balançoire ! — Retapez toutes ces vieilles monstruosités, et vous aurez le plus clair des grands et interminables succès dramatiques qui font perdre le temps à toute une génération, en la rendant, par un pli d'esprit exécrable, inaccessible aux sentiments de l'Art et de la Grandeur oubliés. C'est celui qui n'estime pas ses concitoyens qui agit ainsi, et non celui qui, fût-ce au prix des huées, leur dit la vérité.

Mais aujourd'hui, c'est parler dans le désert. Laissons cela.

Que les « amuseurs » vivent en joie ! Nous les applaudirons toujours ; ils nous feront toujours rire ; nous leur crierons toujours : « Courage ! » Ils mourront à jamais et tout entiers, eux, leurs *ficelles* et leur *charpente*. Priez pour eux.

PEINTURES DÉCORATIVES
DU FOYER DE L'OPÉRA

—

Aujourd'hui nous nous sommes trouvés, à l'Ecole des Beaux-Arts, en présence d'une série de peintures conçues par le même artiste, exécutées par lui seul, et dont l'élaboration n'a pas coûté moins de neuf ou dix années de persévérance.

I' y a neuf ans, en effet, un événement vint préoccuper le monde des peintres modernes; il s'agissait de représenter dignement l'Art français dans un lieu qui, de sa nature, devait mettre l'œuvre sans cesse en lumière, le foyer du nouvel Opéra. Cette tâche venait d'être confiée à un jeune peintre, déjà presque célèbre par de brillantes mais académiques promesses, et par quelques toiles estimées, M. Paul Baudry. — Or, depuis ce temps, ce jeune homme, au su de tous les artistes, s'est confiné dans l'exécution de ce vaste ouvrage, et, aux dépens de bien des intérêts, s'est voué à la gestation exclusive de l'œuvre qu'il nous dévoile aujourdhui.

Cette œuvre comprend trente-trois compositions, exécutées avec un sentiment *d'unité* qui en est le caractère principal. La dernière, le plafond même du foyer, n'est pas encore terminée à cette heure.

Aux deux extrémités de la première Salle, deux toiles, de dimensions exceptionnelles, représentent l'une le *Parnasse* et l'autre les *Poètes*. Entre ces deux tableaux sont exposées dix autres peintures et dix médaillons.

Le Parnasse est un tableau conçu d'après les données allégoriques de la tradition grecque.

Apollon est descendu de son char céleste ;

les Heures tiennent les rênes des coursiers de lumière ; à la droite du dieu, les Grâces offrent la flèche d'ivoire et la « grande » lyre; au devant, à quelque distance, Melpomène en tunique de pourpre et cuirassée de bronze, se tient appuyée sur la massue d'Hercule. Elio convoque à la fête élyséenne les génies de la Musique; Erato s'incline vers un personnage, sans doute Haydn ou Mozart; au loin, Mercure guide vers l'Empyrée un groupe de compositeurs divins : Beethoven, Gluck, Lulli, Meyerbeer, Boïeldieu, Rossini, d'autres encore, et la fontaine Hippocrène épanche son onde sacrée, son enthousiasme, sur la hauteur, aux pieds d'Uranie et de Polymnie.

A droite, dans l'angle inférieur, le peintre, en manière de signature générale, n'a point jugé inopportun de nous offrir son propre portrait, entre celui de M. Charles Garnier, l'architecte du nouvel Opéra, et celui de M. Ambroise Baudry, dont le talent et les conseils ont été des plus appréciés, au point de vue architectural, dans la construction de l'édifice.

La grande composition opposée : LES POÈTES, est le parfait pendant de ce tableau.

Au centre, dans le lointain azuré, Homère est debout, à l'ombre des deux ailes, étendues sur sa tête, de l'immortelle Poésie. A sa droite, Achille s'élance héroïque, svelte, aux pieds légers, étincelant, comme le type éclaireur des civilisations guerrières ; à gauche, sont groupés : Amphion, dont les chants savaient émouvoir jusqu'aux rochers ; Hésiode, qui raconta la Nature et la gloire des Jours ; puis, le divin Orphée, à la lyre enveloppée d'un vol de colombes.

Ces deux peintures présentent des qualités d'exécution de premier ordre. L'Allégorie, difficile dans les temps modernes, y transparaît simple et sans banalité. Les formes et les attitudes concourent au sentiment d'harmonie qui émane de ces groupes noblement conçus : la couleur totale concentrée dans la première toile, sur la robe de la Muse tragique, et dans la seconde sur l'armure de l'Atréïde, — est d'une haute et savante distinction. L'impression que laissent ces deux tableaux est excellente.

Les dix compositions, exposées latéralement, représentent les caractères traditionnels et les influences magiques de la Danse, de la Musique, de la Poésie et de la Beauté.

La mort d'Orphée est l'une de celles qui nous offre la plus parfaite pureté de dessin.

La Bacchante, courbant la branche de pin, pour s'en former un thyrse meurtrier, est admirable, et sa tête, renversée en la fureur fière, est d'un beau sentiment. Orphée, nous paraît-il, n'est pas revêtu de la beauté de cet éphèbe inspiré que l'on imagine à son nom, et les Ménades (dont l'une célèbre par une danse cruelle, l'agonie du grand chanteur) n'expriment peut-être pas toute la sincérité de l'emportement qu'elles devraient éprouver ; mais il y a de telles élégances dans le ton et les lignes de ce tableau, qu'il mérite, malgré cela, de chaleureuses félicitations.

La sainte Cécile, écoutant les harmonies de l'Art sacré, au fond d'un rêve mystérieux, paraît religieusement comprise. La vision, toutefois, est trop *distincte* : les yeux de l'âme perçoivent des réalités, en effet, mais ces réalités ont un caractère *autre* que celui de la chair et du sang, proprement dits.

La peinture de Murillo, celle même de Raphaël, se sont rapprochées souvent de l'idéal à ce sujet. Est-il donc impossible aujourd'hui, sans recourir à des moyens inférieurs, de pénétrer la lumière d'une apparition de cette couleur solennelle, inquiétante et terrible qu'elle nécessite? N'avoir à sa disposition qu'un grand talent ne suffit pas pour exécuter ces sortes de sujets.

Les Corybantes exultant autour du berceau de Jupiter, l'églogue des *Bergers*, les supplications d'*Orphée*, retenant l'ombre d'Eurydice, la danse lascive de *Salomé* devant Hérode (toile des plus remarquables par la solidité du dessin, la vitalité des nus et des modelés et par la bonne couleur), le *Saül* écoutant David, et cette superbe composition intitulée *l'Assaut*, où les qualités de mouvement et de force sont absolument inconstestables, où la précision du geste est si savamment étudiée et rendue, où le coloris, obtenu par des effets sobres et purs est répandu si heureusement ; — toutes ces toiles, qui symbolisent les unes la musique sacrée ou guerrière, la pastorale, la puissance des accents enivrants, furieux et mystiques ; les autres, les danses de joie et de luxure, ou celles qui surgissent, hystériques, de l'ivresse mêlée à la mort, — toutes ces peintures, disons-nous, procèdent d'un même sentiment, très sincère et très pur de l'art *moderne*, attestent une personnalité supérieure et, nous n'hésitons pas à le dire, une seule d'entre elles suffirait pour établir le talent et la conscience d'un vaillant artiste.

Les deux tableaux, *Marsyas vaincu* et le *Jugement de Pâris*, semblent clore cette série symbolique; l'une en figurant le triomphe de l'art céleste sur l'art grossier, qui consiste à reproduire servilement les choses de la nature, et l'autre le triomphe de la Beauté idéale, but suprême de l'Art lui-même.

Ce dernier tableau qui présentait des difficultés de tous genres, nous paraît être le meilleur à cause de la prodigieuse élégance d'expression qu'il nous offre. La *Vénus*, sous cette affectation de modestie, symbolise parfaitement la pensée de l'artiste, et cette apparente ingénuité est un charme artificiel et moderne qu'elle s'ajoute, et que les Grâces ne sauraient lui reprocher.

Les dix médaillons qui représentent, avec des enfants aux têtes caractéristiques, l'Histoire de la Musique dans l'Humanité, sont composés avec une recherche de simplicité, dans la couleur, qui dépasse parfois le but et qui les font ressembler à des grisailles. C'est là une tendance aussi fatale que celle de pousser la couleur à outrance, en vue de surprendre un public irréfléchi. En craignant toujours d'user de la lumière, on s'expose à éteindre absolument la couleur. Constatons cependant beaucoup de franchise et de pureté dans la plupart de ces médaillons: l'un deux, surtout, *Germania*, nous a paru d'une inspiration charmante.

Dans la seconde Salle supérieure, ont été placés deux autres grands sujets, la *Comédie* et la *Tragédie*, entre lesquelles sont exposées les *Muses,* au nombre de huit seulement. La neuvième, Polymnie, n'ayant point trouvé de place sur la cimaise.

La ravissante peinture représentant *La Comédie* est très brillamment imaginée, Rieuse, Thalie, (dont le visage veut rappeler celui d'une aimable artiste parisienne, mademoiselle Massin) vient de précipiter, à coups de verges, des hauteurs du ciel, un faune grotesque, vieux et enflammé. Celui-ci tombe, recouvert, par endroits, de la peau de lion dont il s'était revêtu, et qui, par allégorie, le mord vigoureusement dans les hasards de cette chute. Le gouffre bleu, qui les reçoit, ne l'engloutira pas assez vite pour qu'une flèche définitive ne l'atteigne pas à travers l'espace. Les Ris et les Jeux, dont l'un tient son arc bien tendu sur le monstre, achèvent l'humiliation de sa déroute, au milieu des rires d'une joie moqueuse. — Toile délicieuse où se révèlent des qualités de finesse et de *naturel*, d'un goût élevé et original. Le raccourci du faune est dessiné de main de maître, et le coloris est d'une lumière très harmonieuse.

La composition opposée, *La Tragédie*, est une œuvre remarquable, bien qu'inachevée, nous semble-t-il. *La Pitié*, blanche sous ses voiles de gaze noire, supplie dans une attitude abandonnée du plus savant effet.

La Fureur, se précipite avec une décision superbe. La couleur et la valeur des groupes sont de premier ordre. Toile où la maîtrise d'un beau talent se reconnaît dès le premier coup d'œil.

Entre ces deux tableaux, la galerie *des Muses* offre un aspect des plus séduisants et des plus gracieux. Toutes sont des visages exquis, parmi lesquels les têtes d'Uranie et de Terpsichore, nous ont paru de nature à ravir plus spécialement le regard. Les costumes d'une opposition de couleur riche et *nouvelle*, sont drapés avec une haute distinction et un art parfait. Le lambeau de pourpre noué autour du front de Thalie, et qui rappelle le côté bohémien de ses enfants préférés, — de ceux qui vont par les routes sur le chariot de Thespis, — est un effet moderne des plus heureusement rendus. Les carnations, pour n'être pas célestes, si l'on veut, sont toutefois bien éclairées et sévèrement peintes.

Voilà l'œuvre.

Faut-il maintenant exprimer le sentiment *personnel* qu'elle nous inspire? Faut-il se déclarer au point de vue de l'Art suprême des

grands peintres passés, présents et à venir? Faut-il, en un mot, cesser de juger en homme du monde et statuer sur ces toiles, d'une façon plus haute en les éclairant du flambeau que toute intelligence éprise de lumière, d'enthousiasme et de beauté, sent resplendir en elle?...
— Il est difficile de le faire.

Toutes les fois, et c'est le cas actuel, — qu'il s'agit, après avoir examiné avec conscience, de prononcer un verdict de quelque importance sur un ouvrage, le critique devrait être saisi d'un sentiment de défiance (non de lui-même) mais bien de l'expression qu'il sera contraint d'employer pour formuler son jugement.

En ce temps de nuances spirituelles, où les paroles ne parviennent que déformées par la diversité d'acceptions que chacun, suivant son tempérament cérébral, leur attribue, il est devenu impossible à un artiste sérieux de dire tout uniment : « Ceci est bien, ceci est mal, » et de trancher militairement, des questions devenues complexes.

Il faut d'abord nettifier ce qu'on entend par *ce bien* et *ce mal*. Autrement l'on s'expose, n'ayant pas tenu compte de ses auditeurs, à être compris parfois au rebours de sa pensée et, le plus souvent, de travers. Bref, dans la Babel des théories esthétiques modernes, il importe d'établir toujours, avant un prononcé quelconque sur une œuvre d'art, ce que l'on entend, soi-même, par cet Art universel au nom duquel on prononce. Sinon, de quel droit, pourrait-on accepter et faire reconnaître le mandat très grave, en toute circonstance, de juger quelque chose ?

Tout lecteur doit d'abord réclamer d'un critique ce que l'électeur commence par réclamer de son député : savoir, une profession de foi claire et absolue, au nom de laquelle celui-ci peut-être investi du droit de défendre, d'éclaircir et de statuer.

Or, en ces conjectures, voici la nôtre :

Le Beau, c'est l'Art, lui-même ; la Vérité, la sanction, le but. Hors lui, nous ne voyons plus que la Vie et ses non-valeurs intimes au-dessus desquelles l'Art a précisément pour mission de nous élever sous peine de déserter sa destinée.

Le Beau n'a rien à faire avec le Joli, qui n'élève pas, qui ne grandit pas. On peut enfler les lignes du Joli, on n'obtiendra pas de lui la plénitude; les dimensions d'une toile ne la feront pas plus étendue qu'elle n'est en réalité, et ce n'est pas de cette *grandeur-là* qu'il s'agit en matière d'art. Une tête de cocotte sur un torse de Michel-Ange ne me représentera jamais une muse.

Qu'est-ce donc que le Beau véritable? Et à quel signe le reconnaître? — Nous répondrons: « Si vous ne l'avez pas en vous-même, vous ne le reconnaîtrez nulle part. » — « Le beau, dit Winkelmann, est comme l'eau claire, sans couleur, odeur ni saveur particulière. » Ceci veut dire que l'impression de beauté qui se dégage d'une œuvre d'art n'est subordonnée ni au sujet que représente cette œuvre, ni même aux qualités d'éxécution qu'elle peut offrir.

Le Beau est indépendant de ces contingences : il se manifeste par elles, mais il est avant tout dans l'âme de l'artiste, et il baigne, pour ainsi dire, intellectuellement l'ensemble de l'œuvre en général.

En peinture, ce sentiment qui doit émaner d'une toile, n'est renfermé ni dans le dessin, qui, suivant l'expression d'Ingres, est la probité de l'Art, ni dans la couleur qui est, suivant la pensée de Delacroix, l'âme extérieure des choses. Il est l'impression que laisse, dans l'Esprit, la *vue* de la composition dans son unité abstraite.

Le Beau est, de sa nature, un et infini. Ses manifestations sont aussi multiples que les étoiles du ciel. Tout sujet lui est bon ; tout moyen lui est possible ; toute mèche peut brûler en ce flambeau, pour produire la lumière. Les différents degrés d'intensité de cette lumière, qui a sa correspondance en chaque homme digne de ce nom, ne proviennent dans les œuvres d'art où ils apparaissent, que des différents degrés de puissance conceptive et expressive dont sont douées les âmes des artistes : voilà tout.

Ainsi, lorsqu'en peinture, par exemple, la vue d'un tableau ne nous cause pas cette magique impression où la nature apparaît comme transfigurée par l'atmosphère idéale que l'Art seul peut répandre sur les choses, nous devons, quelles que soient les habiletés de main d'œuvre et les qualités diverses du peintre, nous prémunir contre l'artiste qui l'a produite, et faire nos plus grandes réserves touchant la *véritable* valeur de cette toile. L'impression que laisse, non le métier, mais le style de l'œuvre, classe seule l'artiste en notre esprit.

Si donc, fortement pénétrés de ces convictions, — et elles sont, en nous, inébranlables, — nous entrons dans la Salle des Beaux-Arts, pour y connaitre l'œuvre de M. Paul Baudry, le jugement que nous porterons sur elle, d'après l'impression qu'elle nous laisse, sera le suivant :

M. Baudry était, certes, tant par la nature de son talent, la sincérité et la conscience de ses efforts, toujours chercheurs, que par les garanties de jeunesse et de mérite réel, progressif, qu'il offrait, l'un des peintres les plus dignes de recevoir la tâche qui lui a été confiée. Peut-être, même, était-il le seul qui pût mener à aussi bien une telle mission. Mais il a le malheur d'exister dans une période de l'École française, — celle qui commence, — dont les tendances esthétiques, déjà pressenties en son œuvre, sont tout simplement déplorables au point de vue de l'Art magistral. L'Enthousiasme sacré, sous l'appréhension de se compromettre en tant que distinction, est enchaîné dans le cœur de l'artiste moderne.

La Beauté réelle, profonde, qui seule a le

droit de pénétrer dans le Sanctuaire disparaît des conceptions générales, pour faire place à nous ne savons quelle grâce équivoque où les plus riches talents se complaisent à cœur joie. Loin d'élever le niveau des meilleurs entendements de la génération qui vient (selon le devoir unique de l'Art véritable), l'impression qu'elle laisse ne peut qu'affadir l'énergie, glacer l'imagination et même entretenir un esprit de scandale contre les tentatives plus hautes vers la pure Beauté.

Nous ne pouvons pas reprocher à M. Baudry de manquer absolument de génie. Ce serait une mauvaise guerre. Nous nous bornerons à constater la très fière élégance de son talent, sa souplesse acquise et même une certaine noblesse artistique dans le goût général de ses compositions. Mais nous constaterons aussi ce défaut grave, et même, selon nous, capital, qui *devait* être évité dans une œuvre de l'importance et de la solennité de la sienne : le manque de grandeur et, trop souvent, d'élévation dans son œuvre accomplie. Ce défaut, qui éteint son style et en pâlit toute la beauté, nous souhaitons vivement qu'il s'en sépare à l'avenir, s'il est de la nature de *ceux qui osent*.

LA TENTATION
DE SAINT ANTOINE

par Gustave FLAUBERT

—

Le grand artiste qui vient de nous donner cette œuvre encore, la *Tentation de Saint Antoine* a cette fois, par la double nature de sa conception, placé dans une situation fort singulière l'esprit de qui entreprend de juger ce livre avec quelque profondeur.

Il importe de nettifier tout d'abord cette situation, afin de ne point tomber dans les verdicts obscurs et irréfléchis, dans les malentendus risibles que ce sombre Songe littéraire a suscités chez les critiques proprement dits.

Voici la trame de l'œuvre :

— Un anachorète — (saint Antoine, soit) —

vieilli dans les Thébaïdes, épuisé de jeûnes, sanglant de coups de discipline, échauffé par l'esprit des lieux arides, veille un soir plus tard que de coutume. Il vient d'éprouver, pour la première fois, l'inquiétude de son destin. Il a, pour tout bien, une croix, une cabane et une cruche cassée ; en un mot, tout ce qu'il faut à l'Homme, quand l'homme est digne de ce nom. Cette nuit-là, le péché se glisse au cœur du vieillard ; il faiblit sous le poids des souvenirs de gloire, d'amour, de sagesse mondaine, qui hantent sa solitude. — Il est las : « Oh ! seulement un petit champ !... une peau de brebis !... du lait caillé qui tremble sur un plat ! » — Ce désir originel suffit : cette fissure deviendra tout à l'heure l'effrayant portail de tout l'Enfer.

Non point de l'Enfer allumé par Goya dans son terrible dessin ; car, au point de vue logique, on peut dire que jamais homme ne fut moins tenté que saint Antoine, si le Diable ne lui a dépêché que de pareilles visions pour le séduire. On peut même ajouter qu'il n'est pas d'homme assez dépourvu de toute espèce de bon sens pour hésiter une seconde à devenir un saint, si l'immense horreur imaginée par Goya lui passait vivante devant les yeux, au fond de quelque désert.

Le Diable de Gustave Flaubert est plus dangereux : c'est le Satan immortel déployant sa queue de paon. Les visions enivrantes, mélancoliques, orgueilleuses, semi-divines, se brodent sur le crépuscule des nuits orientales, évoquées aux regards parfois éperdus d'Antoine. Elles défilent, objectivées par son cerveau bouillonnant, et vitalisées par la substance correspondante dont dispose l'Enfer en éveil autour de lui.

L'illusion du Saint est corroborée par l'autre illusion, dans une mystérieuse identité. La nuit est devenue une lanterne magique de proportions colossales. Voici d'abord la *Reine de Saba* (ces quinze pages sont le chef-d'œuvre du livre) ; puis les métaphysiciens, leurs dictons à la bouche ; puis tous les Hérésiarques avec leur unique parole ; puis les Mages, Simon, Appollonius de Thyane ; puis tous les Dieux du monde, puis les bêtes des Cieux, de la Terre et de la Mer, puis le Diable, sous les traits du disciple Hilarion, qui, ôtant de son front cornu ce masque, la Science, emporte l'anachorète dans les abîmes de l'espace, avec des paroles dont la profondeur triste jette comme un voile de désespoir sur les Créations.

Antoine lui échappe d'une prière, d'un regard levé vers le vrai Ciel, — vers Celui qui est partout et nulle part ; — et le voici retombé sur sa Montagne, entre la Mort et la Luxure, qui s'acharnent l'une contre l'autre en sœurs ennemies. Enfin, se dressent, à ses côtés, le Sphinx et la Chimère !... L'attrait de l'Inaction éternelle ! du Sommeil sans Rêves ! de la Matière unique. — « Oh ! la devenir !... » s'écrie-t-il, brisé par la Tentation.

Mais, soudain, le jour commence à luire ;

l'Orient s'empourpre ; des nuages d'or roulent sur le ciel. L'œuvre compliquée du Prince des Ténèbres a passé comme une fumée ; et, baigné de lumière, saint Antoine, les bras à l'entour de la Croix, son salut, son espérance, voit resplendir, dans le soleil levant, la face de Jésus-Christ.

— Bien.

Voici, maintenant, ce que pourrait dire un chrétien très bourru relativement à l'esprit littéraire qui a présidé à la composition de l'œuvre :

— L'artiste doit conformer à leur notion les types historiques dont il se sert : autrement, qu'il n'y touche pas, il lui est facile d'en créer d'imaginaires. C'est une faute d'art capitale de se servir de la vitalité toute faite d'un personnage connu, de s'en autoriser, *à priori*, et de faire ensuite bon marché de ce qui constitue précisément l'âme, la nature et la vie de ce personnage, de le représenter *autre*, enfin, qu'il *doit* être. C'est là de l'ingratitude.

Tout est permis, hors cela, parce qu'alors le lecteur devient aussi indifférent que l'auteur : il ne voit, par la contradiction, qu'une sorte de mannequin. Or, dans le saint Antoine de Gustave Flaubert, je ne reconnais pas un saint, mais un homme du monde, avec une fausse barbe, et dont les paroles ne sont pas en rapport avec le cilice et la robe dont l'affuble notre auteur.

Cet homme-là n'a jamais été capable d'être seul avec Dieu.

Comment ! pas une tendresse naïve, enfantine? Pas un *bon* sourire? Pas une gaucherie de paroles ? Pas une expansion de charité chrétienne et vivifiante ? A peine une sèche et courte prière, cherchée et arrachée *littérairement* par la situation ! Pas une effusion d'amour, ardente, jaculatoire, *féminine*, pour le Dieu *qu'il aime et dont il est aimé* ? Alors qu'il ne doit y avoir *que cela de vrai au monde pour lui, absolument*, puisqu'il est un Saint, et un grand Saint ! Où est le côté « petit enfant » nécessaire, *sine qua non*, chez ce chrétien canonisé, bien que Jésus-Christ ait expressément dit : « Si vous n'êtes pas tout d'abord semblables à l'un de ces petits enfants, qui croient en moi, vous n'entrerez pas dans le royaume des Cieux !... » Mais saint Antoine, ici, a beau marmotter le *Credo*, c'est un saint artificiel sorti des ateliers de M. Renan, un saint en bétons agglomérés (système Coignet) ! — Ce qui désunit l'œuvre, c'est la non-vitalité du personnage qui la supporte tout entière, et qui, d'instinct, sonne quelque peu son toc. On pourrait mettre ce saint Antoine sur un pain de Savoie ou toute autre pièce montée, avec une robe en chocolat. — L'auteur ne s'est pas pénétré, comme *il le devait*, de l'esprit évangélique, car un saint doit se retrouver même en ses hallucinations.

Voici maintenant ce qu'un artiste, chrétien aussi, peut répondre :

Ce livre, indépendamment de la philosophie très orthodoxe et très romaine qu'il contient en son impression définitive, étant, par mille détails, l'un des plus curieux et des plus colorés qui se soient jamais produits, il serait absurde de se montrer sévère sur le seul côté attaquable qu'il présente. Cela, dis-je, serait injuste, et témoignerait d'une mauvaise foi décidée ou d'un esprit sans valeur.

Et, d'abord, on peut retourner l'argument d'une façon bien autrement sérieuse en faveur de l'auteur, et avec plus de vérité : car il s'agit, ici, d'un très grand artiste, doué d'une magie d'expressions et d'une puissance d'étrangeté tout à fait exceptionnelles. Et je doute que ceux qui se rebellent puissent faire mieux que lui !...

Saint Antoine fut tenté (ceci est de notoriété publique) d'une façon particulièrement prodigieuse. Ce dut être, en effet, pendant quelque nuit où, fléchissant sous la lutte charnelle, il se trouvait désarmé de sa charité, abandonné de la grâce, par une haute épreuve de Dieu. Le saint Antoine de Flaubert est donc tel qu'il doit être au moment choisi.

Il fut permis alors — enjoint peut-être — au Démon de mettre en jeu tous les artifices et tous les mirages de son empire contre le Solitaire. La proie étant de celles que convoite beaucoup le chasseur des âmes, ce dernier déploya ses magnificences funèbres pour captiver le bon saint; mais les choses et les êtres qui apparurent ne devaient être, en réalité, perçus d'Antoine que *suivant leurs concordances avec sa manière de les éprouver et de les concevoir*. De là cette folle reine de Saba qui n'est point l'amère visiteuse du grand Roi de Judée, mais bien la diabolique et étroite idée que s'en est fait saint Antoine lui-même. Il en est de même des Mages, des Hérésiarques et des dieux grecs; d'ailleurs les six cents volumes d'Origène sont condensés dans le mot que celui-ci prononce.

Quant à l'Œuvre totale, c'est un cauchemar

tracé avec un pinceau splendide, trempé dans les couleurs de l'arc-en-ciel !

Oui, ce livre est merveilleusement amusant et donne à penser. Pour l'aimer, il ne s'agit que de se priver du ridicule d'être trop difficile, voilà tout.

LE
CAS EXTRAORDINAIRE
DE M. FRANCISQUE SARCEY

Jusqu'à présent, j'avais dû croire que le prince des critiques était une sorte d'excellent homme, doué d'une pondération de jugements et d'une fermeté de convictions rappelant d'autres âges. De plus, il avait fait partie, en 1876, de l'un des jurys qui me décernèrent, si j'ai bonne mémoire, un prix quelconque, et je m'imaginais, entre temps, lui devoir une vague reconnaissance. J'honorais donc en lui, malgré de légères dissidences littéraires, l'un des plus sympathiques maîtres du feuilleton théâtral, un homme incapable de malveillance ou d'injustice volontaires. — Passons sur ces illusions perdues...

Au cours de son article de lundi dernier, je lis dans le *Temps*, — à propos de l'une de mes œuvres représentée ces jours-ci, au Théâtre-Libre, les surprenantes paroles ci-dessous imprimées :

« — Toute la critique de théâtre s'était donné rendez-vous en cette petite salle... qui était comble...

Suivent trente lignes dont le sens probable serait que la totalité des articles qui venaient de paraître à ce sujet, — *soit cent vingt ou cent vingt-cinq, selon l'envoi des Agences,* — *n'a point passé inaperçue du signataire,* — *qui ajoute :*

« — J'ai CRU VOIR que, sous la *phraséo-*
« *logie* des compliments de commande, TOUT
« LE MONDE passait condamnation sur
« cette œuvre... en laquelle un forçat veut
« tuer des bourgeois ventripotents... Elle a
« reçu un accueil ASSEZ FROID, *même des*

« *amis de l'auteur*. Et je n'en parlerai pas,
« car, *puisqu'il est constant que l'on n'en peut*
« *rien faire*, la discussion ne serait pas
« utile. »

Je n'ai pas à défendre mon ouvrage, qui, une fois écrit, ne m'appartient plus. Me trouvant, d'ailleurs, sous les dédains du grand critique, en compagnie de Shakespeare et de Victor Hugo, je ne pourrais, loin de récriminer, que me louer des hauteurs de plume d'un « écrivain » dont les éloges seuls sont désormais à craindre. Quelque évident et incontesté — sinon par lui — que soit le beau succès, (dont je suis très fier), de ces trois soirées d'épreuve. M. Sarcey le peut nier si bon lui semble. J'ajouterai même qu'il serait monstrueux que ce drame lui eût agréé! et qu'il n'était nullement besoin de nous « jurer » sa sincérité à cet égard. Nul n'en doutera jamais.

Mais qu'il prenne, brusquement, sur lui de

revendiquer de la sorte, pour lui seul, le monopole de l'intégrité au mépris de celle de ses confrères, qu'il essaie d'insinuer, sur le ton léger de la bonhomie, que TOUS les critiques, malgré leur nombre et l'autorité de quelques-uns, ont, par une complaisance aussi humiliante que déplacée, menti hypocritement au public et à leur conscience, en affirmant, en cette œuvre, une valeur *positive* et en constatant son succès *réel* ; — qu'il s'arroge ainsi sur eux, à mon sujet, une suprématie à ce point pédagogique, et jusqu'à traiter leur style de « phraséologie, » — cela dépasse quelque peu, ce semble, les droits de la Critique digne d'elle-même. Il m'est pénible de me voir l'occasion de ce manque d'égards et de cette petite calomnie envers le grand nombre d'écrivains, mes invités, auxquels je dois l'estime où ils me tiennent : — Il n'avait pas à les résumer en une interprétation malveillante et dommageable pour moi, en dénaturant leurs éloges selon les besoins de sa cause. S'il ne s'agissait encore que de moi, je n'aurais pas à m'en préoccuper, — pas même à répondre. Mais il s'agit de ceci, *que des écrivains aussi soucieux, avant tout, de leur dignité que M. Sarcey peut l'être de la sienne, se trouvent traités par lui, à mon sujet, de « complaisants* DE COMMANDE *», simplement parce qu'ils ont exprimé au public, sur mon drame, une opinion qui diffère de la sienne.* Je me vois donc, cette fois, *contraint* de prendre M. Sarcey au sérieux et de lui adresser, au moins pour mémoire, une observation de nature à le rappeler au sang-froid et aux plus élémentaires convenances. Bref, ce n'est pas l'*un* de nos invités que j'ai à défendre : je suppose que celui-ci s'en acquitterait fort bien lui-même et d'un simple haussement d'épaules ; — c'est leur *collectivité*, pour abstraite qu'elle soit, que mon devoir d'amphitryon est de faire intégralement respecter.

*
* *

A vrai dire, j'espérais que, de lui-même, en se relisant, M. Sarcey rectifierait ,aujourd'hui, son énormité. Je lui ai laissé régulièrement ses huit jours pour s'en apercevoir. Un mot eût suffi. Je parcours son nouveau feuilleton. Bien qu'il y parle encore du Théâtre-Libre, je n'y trouve pas ce que j'attendais. S'excuser de cette vétille?... Bah! Pourquoi faire? Il semblerait que l'idée même ne lui en est pas venue.

Cependant, j'ai sous les yeux des journaux qui me prouvent que l'illustre critique sait revenir quelquefois, de lui-même, sur les erreurs ou les écarts qui lui ont échappé. J'en dois le communiqué à deux de mes amis et parents, officiers de marine, qui les ont lus à l'étranger.

Par exemple, ces trois numéros consécutifs du journal *le Gaulois,* en date des 23, 24 et

25 juin 1870. — Au long d'un article intitulé *les Talons rouges*, M. Francisque Sarcey (ex-*talon rouge* lui-même, ayant longtemps signé SARCEY DE SUTHÈRES, car il était né en cette localité vers 1827), avait aussi CRU VOIR que M. le comte de Nieuwerkerke, alors aux Beaux-Arts, méritait d'être redressé en toute « sincérité ». Celui-ci donc lui envoya deux de ses amis qui, d'abord, ne le trouvèrent pas. — Spontanément, M. Sarcey publia, de lui-même, dès le lendemain, dans le même journal, un article intitulé UNE ERREUR, déclarant qu'on avait surpris sa religion, il se frappait la poitrine, en jurant qu'il s'était grossièrement trompé, etc., le tout sur le ton léger des *Errare humanum est* qui est spécial aux natures sagaces, pressées de causer d'autre chose. — Mais M. de Nieuwerkerke ne trouvant pas la rectification suffisante, envoya ses deux amis, MM. les généraux Bourbaki et Douai, trouver chez lui, cette fois, M. Sarcey, démarche qu' amena, dès le lendemain, la

note suivante, insérée au *Gaulois* du 25, et reproduite par les autres journaux :

« JE RESSENS UN RÉEL CHAGRIN D'AVOIR EMPLOYÉ, A L'ÉGARD DE M. LE COMTE DE NIEUWERKERKE, DES EXPRESSIONS EN DÉSACCORD AVEC L'ESTIME QUE JE PROFESSE POUR SA PERSONNE ; — ET, DANS LE NOMBRE DES IDÉES ÉMISES PAR MOI, IL Y EN A QUE JE N'AURAIS JAMAIS DU EXPRIMER, — D'AUCUNE FAÇON. *Car on ne doit jamais attaquer les personnes.* » — (Ah ! cela, c'est très vrai ! du moins, à l'étourdie et sans avoir froidement pesé les conséquences possibles d'un tel acte), — « *attendu que l'homme peut avoir des amis bien élevés, qui sont les nôtres.* » — (?)

Signé : FRANCISQUE SARCEY.

De pointilleux esprits, à style « tortillé et précieux », pourraient inférer de ceci qu'une sorte de panique ou d'affolement a seule dicté de telles paroles. Non. Ce serait s'abuser que de le croire. M. Sarcey, je veux et dois le penser, a été « sincère » ici, comme la veille. En une ou deux précédentes rencontres, il s'était conduit comme tout le monde. Si sa prestance physique le rend un peu veule à l'épée, il sait tenir un pistolet. — Ainsi, d'après une légende, ayant eu son chapeau traversé, de part en part, en un duel à cette arme-ci, le grand critique parcourut Paris, à la bourgeoise, d'un pas tranquille et lent, durant près d'un semestre, le chef coiffé de ce glorieux chapeau : fantaisie à laquelle il dut renoncer, à la longue, sans doute à cause des rhumes de cerveau qu'entretenaient au-dessus de son crâne ce perpétuel courant d'air. Sa fermeté ne saurait donc être mise en cause dans l'aventure dont nous parlons. C'est toujours par un besoin de sincérité, cette fois héroïque, par exemple, qu'il a signé cette petite note officielle, et nul ne saurait que le louer d'avoir si publiquement reconnu que, s'il avait CRU VOIR, il avait mal vu. — Inclinons-nous donc, sans commentaires, et passons en constatant que, forts de ce précédent, nous avions le droit d'espérer, de sa part, quelques mots de regrets, d'ailleurs, tout simples et tout naturels, au sujet de son *lapsus calami*, comme il disait à ses élèves de Lesneven (Finistère), du temps de son professorat.

*
* *

Hâtons-nous d'ajouter qu'en dehors de ces mésentendus, le prince de la Critique a continué (et continuera longtemps encore, je l'espère), de nous prouver sa sincérité, sa haute honorabilité. — Il sut quitter le *Gaulois*, lorsque ce journal devint un organe bonapartiste. Sa dignité ne pouvait, en effet, s'accommoder d'écrire dans une feuille d'une nuance opposée à la solidité des siennes. Il a décliné, par une austère modestie, la croix de la Légion d'Honneur. Cependant il compte, à son actif, divers travaux littéraires savoir : 1° sa brochure si remarquable intitulée : *Faut-il s'assurer ?* (laquelle il écrivit sur commande d'une Compagnie d'assurances, à ce que nous apprend le Dictionnaire Larousse), et, 2°, le si intéressant livre intitulé : *Le Nouveau seigneur du village*, où l'ascétique protecteur du féminin Conservatoire actuel cingle, du fouet de la satire et dans un accès de morale sincère, certains maires de quelques bourgades, sous le second Empire. Je regrette, même, que mes loisirs ne me permettent pas d'en offrir ici quelques citations, à rendre jalouses les ombres de Juvénal et de Tacite. Ces ouvrages, joints au ballot de ses feuilletons, justifient la considération dont l'honorent tous les esprits éclairés, et l'autorité avec laquelle il juge les œuvres des grands hommes.

Pour conclure donc, devant cette imposante personnalité, — et pour éviter, surtout, de donner à la nouvelle petite « erreur » de l'autre jour plus d'importance qu'elle ne mérite, nous dirons que si M. Francisque Sarcey, faute peut-être de s'en être aperçu, n'a pas cru devoir adresser, à ses confrères et à moi-même, les quelques mots d'excuses bien élevées auxquels nous étions en droit de nous attendre, je crois être l'interprète de tous ces messieurs, et de leur sourire, en l'en dispensant aujourd'hui.

LE SOCLE DE LA STATUE

> A quoi bon la hâche? Ne t'arme que
> d'épingles, si tu n'as pour objectif
> qu'un ballon.
>
> *Proverbes futurs.*

Plusieurs, certes, en parcourant l'histoire suivante, apercevront, sous l'apparente fantaisie des épisodes, sous leur inévitable trivialité même, la figure du notoire personnage dont j'ai, peut-être, voulu parler. Et quelques-uns pourront s'étonner de me voir ainsi condescendre à plaisanter les débuts, le foyer natal et les origines d'un « grand homme » (estampillé tel, du moins, par des majorités négligeables).

Soit dit du fond de ma pensée, tout le premier j'estimerais comme d'un bien médiocre esprit de songer, dans l'espèce, à des ironies de cet aloi, si le prétendu « grand homme » eût été réellement autre chose que gros, sonore et stérile, s'il eût fondé ou détruit quelque chose, s'il eût laissé une œuvre quelconque, — s'il eût émis une idée nouvelle, noble et redressante, que l'on osât notifier sans sourire du tonitruant hâbleur, — s'il se fût distingué, seulement, par quelque vertu militaire, — ou, même, domestique.

Mais devant le fatras de ses discours, étalés sous mes yeux, je me trouve en présence d'un tel néant que je ne puis distinguer, qu'au microscope, ce patriotique homme d'affaires puisque, malgré le volume de sa voix, je ne pourrais l'*entendre* qu'au microphone. En fait d' « attitude politique » on doit exiger autre chose d'un grand homme que de se tenir l'œil au ciel, une main sur le ventre et l'autre dans la poche (dans le sac, parfois) en pérorant à tue-tête, à l'aide de poumons forains, ces sordides lieux communs dont le propre est d'escroquer toujours, et par milliers, les votes et l'enthousiasme des cœurs bas, des intelligences de cabarets, des êtres sans Dieu. Personne, jamais, même parmi ses plus caudataires fervents, n'a pris au sérieux, ce chantre retors de tous les lutrins de barrière.

Tous les discours et les bronzes n'y feront rien, ni les lions à face débonnaire sous lesquels on le symbolise. L'Histoire classera ce tribun comme un hybride et mâtiné produit du vénal Danton, de l'éloquent Robert-Macaire, et du visqueux Louis Blanc.

C'est pourquoi, devant la médiocrité de cette boursoufflure, n'entrevoyant, au fond de son épopée et de « l'opportunisme » louche de son apparition, que l'entité d'on ne sait quel obèse patriote « d'occasion, » d'une incapacité fougueuse, j'ai cru faire acte de français en ne voulant écrire à son sujet que cette fantaisie, aussi peu « sérieuse » que sa mémoire.

En l'an de grâce 1869, un soir d'hiver,

dans une de nos sous-préfectures, dix heures étant sonnées à la mairie, M. Gambade père, vieil épicier méridional, enjoignit au nommé Pacôme, son principal garçon, de fermer et boulonner, selon la coutume, les auvents du tantôt mi-séculaire magasin de denrées coloniales et autres que le dit négociant tenait, depuis un avantageux successorat, au coin d'une rue assez importante de la localité.

Pendant que Pacôme, heureux d'obéir, exécutait avec une bruyante rapidité l'ordre du patron, celui-ci, ayant quitté son tablier à bavette et empilé ses livres de caisse, saisit la lampe, « enfila » l'escalier et pénétra au premier, dans la chambre, d'ailleurs nuptiale, où l'attendait sa femme, assise en un fauteuil, au coin de l'âtre.

Mme Gambade venait de mesurer dans la théière, le noir sou-chong ; elle surveillait la murmurante bouillote ; deux moines, à ses pieds tiédissaient.

Les rideaux à ramages étaient soigneusement tirés devant les fenêtres.

L'époux revêtit donc une robe de chambre à pois, assura sur son chef une petite calotte de soie noire à gland, étaya ses lunettes d'argent sur ses sourcils, et s'étant plongé en son voltaire, à l'autre coin, se pencha pour ajuster ses pantoufles en recourbant péniblement un index.

Après quoi, M*me* Gambade, comme on allait un peu faire salon, lui offrit un bol de la chaude infusion chinoise, toute sucrée et aromatisée de Kirsch, « de la Forêt-Noire. » L'ayant porté des deux mains à ses lèvres, il huma le délicieux breuvage à petites gorgées ; puis reposa le bol sur la cheminée, avec une légère toux de satisfaction et un fort crachement sur le feu.

Il y avait un frais bouquet de violettes des bois auprès de la pendule.

Il en respira, pendant quelques secondes, l'âme naïve, toute trempée de rosée, sans doute pour oublier les senteurs qui montaient d'en bas, par les pores du plancher et qui, mêlées au parfum de cette pièce intime, y répandaient une odeur de petit-aigre, pareille à celle qui s'échapperait d'un wagon de nourrices.

Le tout accompli, Gambade père s'accota de biais, dans le fauteuil, le front appuyé à l'un des oreillards.

— A-t-on reçu des nouvelles de Paris? demanda-t-il.

— Pacôme nous montera tout à l'heure le courrier et le journal, répondit simplement Mme Gambade.

Ah! cette parole était grosse de signifiances et presque d'orages entre l'excellent couple! Unis, en effet, depuis le printemps de la vie, les époux Gambade avaient vu le ciel bénir leur hymen : bref, l'Être-Suprême leur avait accordé, bientôt, un gros garçon que Pacôme lui-même avait déclaré beau comme les amours.

— Eh ! c'est un dauphin !... s'était écrié l'heureux père en saluant cette apparition.

Au dessert du repas des relevailles, la nourrice, — au milieu des détonations de l'Epernay carte blanche, qui ponctuaient des citations, — avait apporté le môme prédestiné. Celui-ci, effrayé peut-être à la vue des faces patibulaires qui entouraient la nappe, s'était mis à brailler à tue-tête.

— Eh! le gaillard est doué d'une voix de Stentor! s'était écrié, de rechef, Gambade père.

— Il ira loin! *Tiens-toi, bien,* POTIN!... avait appuyé un flatteur, auquel, pour cette parole, échut un sourire de la jeune mère, car c'était le « *Tu Marcellus eris* » de la circonstance — et le mot avait chatouillé les deux époux au plus secret de leurs ambitions.

— Pas de visées trop hautes ! avait toutefois remarqué M. Gambade : l'ambition, mal calculée, souvent nous perd. Messieurs, choisissons-lui plutôt un prénom.

Une vocifération générale ayant répondu, d'une manière indistincte : « Napoléon! » l'amphitryon, tout enluminé d'une fierté légitime, avait encore secoué la tête, puis, d'un air à la fois modeste et fin :

— Oh! non point que je sois hostile à cette idée! — avait-il déclaré ; — non, messieurs; toutefois, je préférerais un prénom neutre et sonore... qui éveillât bien l'idée de Napoléon, si vous voulez... mais... sans casser les vitres! — Pantaléon, par exemple?

Ce ne fut qu'un cri et un toast : la nourrice emporta, tout baptisé, l'héritier présomptif.

Après l'épisode attendrissant du sevrage, le jeune Pantaléon grandit vite dans la demeure paternelle. Et quel feu-follet! Un vrai Trilby! Tantôt essayant les sucres d'orge, les réglisses, les jujubes, tantôt humectant les fruits-secs d'une rosée bienfaisante, tantôt pétrissant la « castonnade » à même le tonneau.

Le reste du temps, appendu aux tabliers

des garçons ou cajolé par les cordons-bleus et les chefs. C'était l'orgueil, la joie du magasin. Ah! l'enfant gâté!

Souvent, quand son père le surprenait se mouchant négligemment dans les papiers destinés à envelopper beurres et fromages, l'épicier disait : « Il faut bien que jeunesse se passe! » Où trouver, en effet, le courage de gourmander un si mutin espiègle?

Ses jeux favoris consistaient, par exemple, à s'entourer d'une douzaine de grands bonshommes en pain d'épice de son choix, qu'il s'adjoignait selon leurs coupes de figure; puis, assis au milieu d'eux, à leur parler, à leur débiter gravement de ces mille riens charmants, auxquels sa voix flexible semblait prêter une sorte de signification. En fait de jouets, il préférait les sonnettes aux tambours. A part cela, belliqueux, un vrai foudre de guerre.

Il raffolait, aussi, des petits ballons, alors très en vogue, qu'il lâchait dans les airs avec un gros cornichon dans la nacelle.

Mais son passe temps de prédilection, c'était de dépenser une activité fiévreuse à tout bouleverser dans le magasin, de sorte qu'il fallait ensuite beaucoup de travail, pour s'y reconnaître et remettre les choses en leur place.

Car il posait alors, en évidence, dans les rayons principaux, les susdits cornichons et fruits secs, pour lesquels il manifestait un faible, et qu'il classait d'après le *rassis* de leur état. Puis, montrant son ouvrage à son père, il s'écriait :

— Tu verras! tu verras, papa, quand je serai grand!

Toutefois, comme l'organe, de jour en jour plus sonore, du jeune citoyen, finissait par empêcher d'entendre les additions, ses excellents parents, d'un commun accord, le fourrèrent au lycée : *primo*, pour qu'il y apprit à compter, à lire et à écrire ; *secundo*, pour s'en débarrasser, car son tapage finissait par ahurir la clientèle.

Un fait assez grave se passa dès la première distribution des prix. Le jeune Pantaléon Gambade ayant obtenu le prix de Devoirs français, monta sur l'estrade, y fut accolé par une sommité et redescendit le front ceint d'une couronne de lauriers-sauce à faveur d'or. A cette vue, chose étrange, au lieu d'un rayon de joie éclairant la physionomie paternelle, une ombre parut tomber sur l'âme de Gambade père.

C'était un homme de grand sens, c'est-à-dire un homme dont la pensée était exclusivement bornée aux intérêts de son négoce. De là, l'estime dont il jouissait dans le commerce.

Il partait toujours de principes arrêtés en son esprit : « Tel père, tel fils » ; « l'on chasse de race », etc. Donc, se demandait-il, en un soudain émoi, comment son fils pouvait-il être doué de facultés dont il se sentait lui, l'auteur, si essentiellement dénué ? Un prix d'arithmétique, passe encore ; mais de Devoirs français !!. Comment cela ?

Tout à coup, ses voisins virent se rasséréner son front, sur lequel ils avaient suivi avec anxiété le vol du nuage ; Gambade s'était rassuré par la réflexion suivante :

— Aujourd'hui, tout se fait par protection ; c'est, sans doute, quelque professeur qui, jaloux de s'ouvrir un compte chez moi, aura voulu me flatter indirectement dans ma progéniture.

Grâce à cette réflexion lumineuse, rien n'altéra plus la sérénité de Gambade père, durant le cours des humanités de son fils, malgré les prix réitérés de Pantaléon.

Un jour de vacances, par un beau soleil, comme Pantaléon s'ébattait à demi-nu, avec de jeunes amis, dans l'épicerie même, il arriva qu'au milieu de ses bonds joyeux, il tomba dans la barrique de mélasse et en sortit un peu étouffé et tout couvert de la précieuse marchandise. Tous ses petits camarades qui le connaissaient, coururent alors après lui, toutes langues dehors, dans l'espoir de recueillir ainsi quelques bribes de son inespérée déconfiture. Ce fut un chorus, une Union générale !... Il ne put se dérober, même par la fuite, à leurs caresses. Chacun s'en retourna chez soi, se félicitant de l'aubaine et de la *générosité* de Pantaléon.

Lorsque après l'adolescence, le jeune vainqueur eut franchi sans encombre les épreuves du baccalauréat ès-lettres et du barreau, — les examinateurs étant, cette fois, trop loin pour qu'il fut possible de prêter un intérêt quelconque à leur favoritisme, — la stupeur initiale rentra dans l'esprit de Gambade père et y devint rapidement énorme.

Partant, en effet, de ces principes : « Tel père, tel fils ; — on chasse de race, etc., » un fils dont les instincts se montraient si différents des siens propres, c'est-à-dire, de ceux que son fils *eût dû* avoir, le déconcertait ! Pensée corrosive qui se logea dans sa quiétude comme le ver dans le fruit.

Son sommeil, d'abord s'en agita.

— Qu'as-tu? demandait Mme Gambade. Il répondait par un rire... sardonique, — sans rouvrir les yeux. — Que signifiait?... pensait-elle, en se rendormant. — Parfois, il montait et descendait maintenant, sans motif, — pauvre âme en peine !

Peu à peu, ses sourcils prirent l'habitude du froncement : — « Ça, son fils ??...» Parfois, distrait, et empaquetant gravement un hareng saur, il l'offrait, en clignant un œil morne, à qui demandait une botte de carottes nouvelles, (car il tenait aussi les primeurs) et c'était en tournant le dos qu'il ajoutait machinalement : — « Et avec ça ? »

Son étoile pâlissait. Lorsque la patronne, en apprenant un succès oratoire de son fils, au Palais, pleurait de joie, Gambade avait, lui, des sourires d'une ineffable amertume. Dans ses rêves, il se voyait souvent écrasé par la chûte d'une idole au front d'argent et aux pieds de pain d'épice. Et des nouvelles verbales de Paris lui arrivaient. Pantaléon y passait pour la coqueluche des Bohêmes, des gens sans aveu, — de *lettres*, en un mot. Quant à ses mœurs, il ambitionnait la gloire. Peu de femmes : il n'aimait que les « lauriers. »

Ses lettres étaient datées presque toujours d'un certain café du boulevard, que toute la gent artistique fréquentait alors ; le jeune Gambade y politiquait, les matins, en donnant de la voix au point qu'à chaque instant, M. Madrure, le limonadier, le priait ou de mettre une « sourdine » ou de « déguerpir ».

Gambade père répondait en missives acerbes, lui coupant les vivres.

— Et de quelle politique s'occupait-il, le blanc-bec ? De fronder le gouvernement dans des feuilles de choux ?... Un métier à se faire casser la pipe ! Au lieu de revenir s'établir dans sa bonne épicerie paisible.

Puis, dilemme : « Tel père, tel fils ; ou chasse de race, etc., etc. » Si ce n'étaient que des fredaines, pourquoi M. Pantaléon les prolongeait-il ?... S'il était sérieux, comment pouvait-ce être un Gambade? Le pire était que ces frasques compromettaient encore la clientèle. On avait parlé de lui dans la localité même : de mauvaises langues ; — et la pratique se méfie des denrées d'un magasin dont les patrons sont des cerveaux brûlés. Certes, Gambade père était bien connu : les errements de son fils ne pouvaient l'atteindre ; mais enfin ! à la longue !...

Un procès que Pantaléon avait plaidé, à propos de bottes, et gagné même, avait fait du bruit. La belle avance ! Un Gambade n'était pas fait pour embrasser des métiers casuels où n'arrivent que des gens spéciaux ; — spéciaux ! — Que diable ! on est épicier ou on ne l'est pas.

Dans l'épicerie, un fils n'est, au fond, qu'un successeur.

— Ma carrière est solide, utile et honorable, concluait Gambade père; il est temps qu'il rentre au bercail et qu'il devienne un homme...

— Bah ! la politique, c'est de son âge !... répondait, joyeuse, Mme Gambade. Il jette sa gourme.

Tout ce bruit, d'ailleurs, prouvait que son fils avait du « toupet », c'est-à-dire ce que les femmes prisent le plus chez un homme (surtout lorsqu'il est, avec ça, bel homme).

Les Gambade en étaient donc là ; ce fameux soir où tous deux se trouvaient en leur chambre et s'apprêtaient à se mettre au lit, pour se délasser des gros travaux de la journée.

Pacôme entra, presque aussitôt après la réponse de madame : — il apportait une lettre et un journal.

— Bon ! c'est de lui ! Voyons !.., dit aigrement Gambade en faisant sauter l'enveloppe.

Il s'approcha de la lampe et, sourcils haussés, lunettes au front, tête en arrière, lut tout haut les lignes suivantes :

« Cher père, deux mots seulement. Tu dis que je déserte notre épicerie ? Je prétends, au contraire, que grâce à moi, toute la France n'en semblera bientôt plus que la succursale. Tu me traites d'ergoteur? Soit; le mot signifie, selon moi, celui qui a des ergots.

« Donc, nouvel Etienne Marcel, je me porte à une députation de Paris. N'ayant rien de Thomas Aniello, ni de Colas Rienzi, je serai nommé. — *Perche* ?... Parce que je sais, de manière à ne jamais l'oublier, que la Chambre est un endroit où l'on entre, en disant : Citoyen, — et d'où l'on sort en disant : Monsieur ; — voilà tout. »

— Député ! lui ! mazette, quel aplomb !... murmura Mme Gambade. — Au fait, pourquoi pas ? Lui ou un autre... pour ce qu'ils font...

— Il est fou, mais continuons ! répondit simplement Gambade.

« Apprends donc, en ce jour, bon père, quels sont mes ambitieux desseins et juge s'ils sont carrés à la base. — Soit dit pour ta gouverne, un homme jadis exista, nommé Carnot, lequel, entre autres qualités, avait celle de trouver des hommes d'attaque. — Pour me distinguer de ce Carnot, je saurai m'entourer, moi, d'hommes secondaires ou nuls. Se flanquer d'hommes supérieurs ? Bêtise, à moins d'être un Louis XIV : c'est l'astre se créant à lui-même d'inévitables éclipses. Un état-major médiocre, mais sûr, tout est là. Quant à la « Patrie », les nations riches se sauvant toujours très bien toutes seules, le premier venu suffit pour les représenter ; le nom de tout soi-disant sauveur n'étant jamais, au fond, que l'étiquette du sac.

« Une fois bien assis et inféodé dans la grosse place, je laisserai tout écrire ! Tout ! *E che mi fa ?* Toute diatribe, accusatrice ou non, n'est, au fond, qu'une réclame, en bon parlementarisme. Tenant en main la forte clef d'or toute-puissante du grand arbre de couche, au mouvement duquel s'annexent, subdivisés à l'infini, les millions de rouages dont l'ensemble s'appelle, en France, l'Administration, je serai, je le sens, le maître désiré, de l'humeur digestive duquel dépendra la fortune (c'est-à-dire la conscience) de tous. Avec cette clef-là, l'on se trouve, dans les vingt-quatre heures, déclaré, — c'est-à-dire *être,* — un « profond » politique. Ce rossignol-maître en poche, on peut donc laisser chanter à chacun sa chanson. On tourne la poignée administrative pendant les murmures. On syllabise, par intervalles, d'éloquents borborygmes, voilés de quelques-uns de ces demi-sourires éclairés qui suffisent, aujourd'hui, pour persuader un pays entier de la capacité d'un homme. — « Ils chantent ! Ils paieront ! » comme disait un grand ministre. Avec mes républicains, il suffira toujours, pour être estimé comme honnête homme, de n'aimer que l'Humanité future en méprisant la présente.

« En France, j'ai remarqué que l'énergie, la valeur et le « caractère » des gens se mesuraient à leurs cris et à leurs dégâts. — Tu te demandes, en me lisant, si je suis éveillé ?... Sache qu'un jour, bientôt, les chefs de tous les partis, non seulement me laisseront faire, mais que, grâce à l'adresse avec laquelle je saurai ménager leurs défections, ces hommes s'enorgueilliront de m'avoir tenu tête une minute, — ou fait semblant, — et que le plus clair de l'estime que leurs partisans pourront leur conserver, ne proviendra que de ces protestations apparentes, sortes de pasquinades entre eux et moi, d'ailleurs, tacitement convenues. *Per che?* Parce que c'est ainsi, mon cher père, que doivent se passer les choses, — à cause de la grande indifférence, vois-tu, qui coule, aujourd'hui, dans toutes les veines. J'en atteste les tiennes, dont je connais le sang.

« Quant à émettre des « idées » dans mes discours... J'ai là un vieux solde (laissé au rebut, et pour compte, par d'anciennes Chambres), de mots de sept et huit syllabes : environ deux cent cinquante-sept ; par exemple, les mots : *gouvernemental, constitutionnel, parlementarisme, concordataire, dans cette enceinte*, etc. Enfin, DEUX CENT CINQUANTE-SEPT. J'ai mis dix-huit mois à les recueillir dans tous les discours qui ont « porté » à cause, uniquement, qu'ils étaient émaillés de ces vocables. J'affirme qu'il suffit de les écrire un à un, sans se presser, sur de petits bouts de papier, tous les deux cent cinquante-sept, puis de les jeter dans un chapeau et de les remuer ensuite, d'une main légère, pour qu'ils donnent des combinaisons de phrases à perte de vue, sans qu'il soit besoin d'aucune idée autre que *celles qu'ils ont l'air de représenter par eux-mêmes*, pour que l'individu qui aura le sang-froid de les articuler avec le plus léger semblant de cohésion, passe immédiatement pour l'un des plus miraculeux orateurs qui aient jamais transpiré devant un auditoire.

« Pour un aigle ! » mon père, pour un aigle !... Et voici pourquoi :

Plus on émet d'idées, plus on s'émiette ! Moins donc on paraît sérieux, puisque on se livre dans ses idées, chacune d'elles semblant donner notre mesure ! ! ! Donc, JAMAIS *d'idées !* A chaque douzaine d'années de suprématie, j'espère bien pouvoir défier le pays d'en découvrir *une*, mais ce qui s'appelle UNE SEULE, dans tous les discours que j'aurai prononcés. Là est, aujourd'hui, le summum de l'Art, en matière de tribune ; mais si quelqu'un me le disait, JE CRIERAIS AU PARADOXE ! Avec tout le pays ! Et *plus fort que la foule !!* N'ayant pas le temps de discuter avec la niaiserie publique, je suis déterminé à être en paroles, toujours et *quand même*, de son avis, — comme un nommé Lycurgue m'en a donné l'exemple, autrefois. Le stock des mots ci-dessus indiqués suffit pour régir le bonheur des peuples et donner de soi, te dis-je, la plus haute opinion. Tu crois qu'il est besoin d'un secret pour agencer leur incohérence ? Erreur profonde !... J'ai vu, ici, un jongleur chinois qui, en agitant un éventail, maintenait, par ce souffle incessant, une foule de petits papiers dans les airs et qui semblaient des papillons. Place mes deux cent cinquante-sept mots sur autant de petits papiers, je les maintiendrai autour de moi de la même manière et au bruit des MÊMES applaudissements... que le jongleur ses papillons. Seulement, c'est une question de choix ; moi, je jonglerai avec des électeurs : lui, jongle avec des boules de papier.

« Et moi, du moins, l'on ne m'accusera pas de me répéter, car j'aurai le mérite énorme de n'avoir jamais *rien* dit... AFIN DE NE PAS ETRE MÉPRISÉ.

« Ah ! certes, j'aimerais mieux me vouer à de plus nobles tâches, et le cœur m'a battu peut-être plus fort qu'à bien d'autres, à l'idée d'un grand destin. Mais à la vue des fronts, des regards et des sourires qui m'entourent, j'ai décidé qu'il faudrait être un *diou* pour tenter quoi que ce soit de superbe avec de tels acolytes, et que le mieux serait d'attendre, fût-ce indéfiniment, des temps plus « opportuns » pour y songer.

« Demain donc, je serai député de Paris, premier degré du Capitole dont il s'agit de ne pas effaroucher les gardiens traditionnels.

« Le moule secret de mes exordes sera celui-ci : « Frères, le Roi disait : *Nous voulons* ;

vous dites : Je veux ; je viens vous dire : Il faut !... Quoi ?... Qu'est-ce ?... Que faut-il ?... Il faut la Science !!! le Progrès !!! la Vie pour tous !!! le LIBRE développement de chacun selon ses aptitudes, dans la grande famille sociale !!! Il faut LA LUMIÈRE !!! etc. etc. » Et ces paroles toutes gonflées pour moi de puissance et d'or, je les articulerai d'un ton et d'un organe qui finiront par faire croire à la France éblouie *que j'ai qualité pour les définir, les nettifier et en incarner le sens dans les actes du pays.* Oubliant, dans son trouble, de me demander mes définitions et mes papiers, elle ne verra plus en moi que l'INVENTEUR MÊME, l'inventeur INESPÉRÉ, le Christophe Colomb de ces vocables vermoulus, démodés avant le Déluge, et dont la vogue est de retour. Car il est des principes qui reviennent dans l'Esprit humain avec des périodicités de comète.

« Et comme chacun croit, aujourd'hui, à ces sonorités consolantes et d'un sens TOUJOURS futur, je deviendrai le porte-voix de ces idées publiques, puisque, grâce à mon organe, je les crierai plus fort que tout le monde.

« Eh bien, je prétends suivre la vogue, la diriger ! Pourquoi pas ? — D'abord, j'y crois, moi, à ces principes : seulement, il s'agit de passer pour le *seul* qui ait la manière utile de s'en servir. Avant peu, tu apprécieras si je sais donner, toujours d'*avance*, à la foule, bonne opinion de ma toujours future capacité.

« En conclusion, je saurai m'arrondir au point de ressembler à mes périodes. Et ceci est d'une haute importance aujourd'hui ! L'extérieur avant tout !... Le poids moral d'un discours bénéficie, en son impression sur les masses, du poids *physique* de l'orateur. Maigre, mes paroles paraîtraient moins « sérieuses ». Gras, il me semble que je pourrais prétendre au trône, si mes convictions me le permettaient. Ah ! si tu *pouvais* savoir jusqu'à quel terrible point ce que je te dis ici est l'unique, l'absolue, l'éternelle et triste vérité !...

A laquelle, hélas ! il faut se conformer, si l'on ne veut finir pauvre, inestimé et persiflé de tout le monde. C'est le « *Tue-moi ou je te tue* » des temps enfin modernes.

Sur ce, « que le citoyen de l'Être » vous tienne tous deux en sa digne garde !

« Votre fils respectueux

« PANTALÉON »

P. S. — Ci-joint un compte rendu de la dernière séance de la Redoute, séance que j'ai présidée ; vous y verrez quels sont les orateurs à l'influence desquels je devrai mon élection. En fait d'engagements envers eux, je ne remplirai que... mon fauteuil.

P. G.

A cette lecture, Gambade père, retenant, d'une main sa robe de chambre et, de l'autre, brandissant la lettre, se mit à marcher à grands pas.

— Ceci pourrait être daté de Charenton, grommela-t-il, et, décidément, j'ai pour fils... un... Olibrius.

(Hélas, Gambade père ignorait qu'Olibrius lui-même fût, grâce à de toutes spéciales circonstances, un empereur romain, un maître de l'Orient sinon de l'Occident).

Il s'accroupit donc, à ce mot, en se saisissant les rotules dans les paumes, pour exhaler, avec plus d'aise, sa pitié, en un éclat de rire affreusement sarcastique, — et continua :

— Député ? lui !... Qui ça ? lui ?... Ton gamin ?... Ah !... qui s'imagine que les gens de la Capitale vont prendre au sérieux toutes ces fariboles !

— Dame ! répondit la mère, tu disais toi-même, l'autre jour, que l'Empereur filait un mauvais coton... Et puisque Léon se met de l'Opposition...

— De l'Opposition !... s'écria Gambade père, mais es-tu folle !... Voilà Pantaléon qui s' « oppose » à l'Empereur, maintenant ! Tiens ! laisse-moi ; cela fait compassion.

Et il haussait les épaules avec des saccades capables de lui luxer les omoplates.

— Lis donc plutôt ce qu'il y a sur le journal, répondit Mme Gambade, qui croyait surtout aux imprimés.

— Soit !... reprit, avec une dignité soudaine Gambade père.

Il revint à sa place, déplia la feuille parisienne, puis d'une voix solennelle, lut ce qui suit :

SALLE DE LA REDOUTE

Séance du 2 décembre 1869.

Présidence du citoyen Gambade

La salle est comble, la séance s'ouvre à une heure précise.

Le *citoyen* P. Gambade, président, agite sa sonnette.

— Citoyen, la séance est ouverte. La parole est au citoyen Corax.

Une grosse voix *à l'extrême gauche*. — A la porte !

Le citoyen Corax. — Citoyens, du calme. Je m'adresse à vos intelligences. Il s'agit de replanter l'arbre social, selon la Science et le Progrès, d'une manière digne, enfin, de ce grand siècle. Assez longtemps cet arbre fut planté comme il l'est malheureusement encore ! Assez longtemps ses racines se sont étiolées dans la terre, étouffées par l'Oppression et l'Obscurantisme. Il faut qu'elles bénéficient à leur tour du grand air, de l'espace libre de LA LUMIÈRE, enfin. Chacun son tour ! Justice ! Assez longtemps, l'orgueil de ces vains feuillages nous a donné des fruits, à regret et comme avec dédain ! Assez longtemps ces branches fleuries se sont nourries, dans l'oisiveté, de la sève que patiemment élaboraient les racines !... Citoyens, nous sommes les racines !... A notre tour : Justice ! Progrès ! **Nouveauté** ! En haut les racines ! Osons planter maintenant les arbres la tête en bas ! Oui, citoyens, par les feuillages ! Biffons les vieilles routines du noir Passé ! Biffons ! Marchons vers l'Avenir. Plus de barbarie ! En haut les racines, vous dis-je ! Place au soleil ! Et vous verrez quelles admirables récoltes et vendanges nous réserve alors cet Avenir ! En un mot, hommes des couches inférieures, prouvons que nous savons faire fortune aussi bien (et mieux même, au besoin), que les repus des couches supérieures. Car désormais, toute la question sociale est là. L'Humanité fera le reste. C'est le but de nos séances. J'ai dit.

La grosse voix *de l'extrême gauche*. — A la porte ! (*Agitation sur plusieurs bancs.*)

Le citoyen Corax. — Soyons graves. Je suis

loin d'être un buveur de sang, mais raisonnons ; si l'on coupait, tout d'abord, les trois cent mille têtes qui...

Une voix flutée *à droite.* — Minute ! Ah ! mais non ! Je m'oppose. En ma qualité de président de la corporation des chapeliers, je crois devoir protester contre une mesure dommageable, à tous égards, pour mes mendants.

La grosse voix *de l'extrême gauche.* — A la porte ! Je vas t'en coller, moi, des bolivars !

(*Tumulte. Le citoyen Gambade, président, agite sa sonnette.*)

Le citoyen Gambade. — Le but de nos réunions ayant été clairement exposé par notre honorable collègue, le citoyen Corax, passons aux projets d'exécution.

La parole est au citoyen Bonhomet, docteur de diverses Facultés, auteur de la brochure intitulée : *Capet, sa veuve, leurs crimes* ; et de la thèse anti-cléricale, intitulée : *De l'influence de la cantharide sur le clergé de Chandernagor.*

(*Le citoyen Bonhomet, un grand vieillard d'aspect vénérable, monte à la tribune.*

— Vois comment on obéit à Pantaléon !
interrompit ici Mme Gambade.

Gambade, après une crispation nerveuse,
continua :

Le citoyen BONHOMET. — Citoyens, je suis
également l'auteur de la brochure intitulée :
De la réhabilitation de Saint Vincent de Paul
et *De la laïcisation du Souverain Pontife*.
Mais passons. Je viens proposer une souscription nationale pour que soit élevée dans nos
murs — sur le square même où s'élève encore, aujourd'hui, ce démenti à la Révolution
qu'on appelle le monument de Louis Capet
— une statue de granit rouge à l'homme qui
fut, réellement, le plus utile à la France
depuis près de cent ans. Il est étrange, en
effet, qu'on élève des statues à Pierre et à
Paul et qu'on oublie...

LA GROSSE VOIX *à l'extrême gauche*. — A
la porte !

Le citoyen BONHOMET, *continuant, après un
moment d'émoi...* — et qu'on oublie, dis-je,
le modeste artisan au rigide et incorruptible
patriotisme duquel nous devons la disparition radicale de... certaine petite graine de

tyrans qui eût été plus tard, pour nous, inéluctablement, le ferment et le brandon de perpétuelles guerres civiles.

Ah! si l'humble cordonnier dont je parle, citoyens n'eût pas été au-dessus de toute corruption, s'il se fût écrié, comme tant d'autres : « *Enrichissons-nous!* » si sa virile énergie n'eût pas été à la hauteur de la mission dont il se sentait investi — et qu'il avait su comprendre, comme on dit, à demi-mot, — quelles conséquences terribles! Songez! Tant de mères en deuil, de fiancées, de veuves! Songez au sang qui se fût répandu!

Je viens donc, d'un cœur léger, demander une statue pour cet homme héroïque, dont le bon sens éclairé sut étouffer en soi toute la pitié qu'il devait ressentir envers ce dangereux enfant!... car son cœur était aussi sensible que le nôtre! N'en doutez pas, citoyens! Honorons donc celui dont le grand sens-commun sut triompher de toute tentation de compassion mal entendue! Et qui sut mener à bien, avec vigilance et persévérance, une si pénible tâche. Grâce à ses soins mortels, le jeune tyranneau confié à ses mains humanitaires, fut, sans bruit, effacé *peu à peu* des vivants! Citoyens, citoyens, je m'inscris, tout le premier, et voici les vingt-cinq centimes de mon obole !

Voix *diverses*. — De qui parlez-vous donc ?

Le citoyen BONHOMET, *ému, relevant la tête et avec des larmes dans la voix.* — Comment ! votre cœur de Français ne l'a pas encore deviné ? Mais du cordonnier patriote, du grand Simon, de l'incorruptible gardien du petit Louis le dix-septième !

(*Silence, pendant lequel le citoyen Bonhomet boit, paisiblement, le verre d'eau sucrée.*)

LA VOIX FLUTÉE *de l'extrême droite.* — Tiens ! au fait, c'est une idée, cela ! Il faudrait aussi proposer l'érection de la statue de Sanson, qui, à ce point de vue-là, fut encore bien plus utile... quoique préjudiciable à ma corporation... il fut...

LA GROSSE VOIX *de l'extrême gauche.* — A la porte ! Est-y têtu, que je dis, le bolivar !

Le citoyen GAMBADE, *président, agitant la sonnette.* — Citoyens, le bureau tient compte du patriotisme ardent qui ressort des paroles que vous venez d'entendre. Toutefois, la nation ne semble pas assez mûre, assez avancée, veux-je dire, pour apprécier le mâle senti-

qui les a dictées. Passons à l'ordre du jour.

Hilarité. Pendant que le bureau feuillette et compulse divers papiers, un orateur inconnu se précipite à la tribune.

L'ORATEUR INCONNU. — Ah! c'est pas tout ça! Des arbres, des statues! mince alors! As-tu fini?... Citoyens, je vote, moi, pour que les riches viennent déposer, ici, là, sur cette table, un million..., et dans les vingt quatre heures! Ou sinon, du tabac!... Ah! ça! est-ce qu'on se fiche de nous, à la fin?

(*Pendant le tumulte et les applaudissements qui accueillent ces paroles, un grand individu s'est précipité à la tribune, l'a escaladée, a tout d'abord, saisi l'orateur au collet, et l'étranglant à moitié, l'a couché sur la table, en renversant, pendant la lutte, le verre d'eau et la carafe.*)

LE NOUVEL ORATEUR, *d'une voix terrible, où l'on reconnaît, à l'instant, le timbre de celle qui criait :* « A la porte! » — Ah! canaille! coquinace! gredin de réactionnaire! (*Il maintient, d'un poing, la tête du préopinant contre la table, puis, se redressant, l'œil étincelant et s'adressant à l'Assemblée, en frappant la table de son autre poing étendu devant lui à la Mirabeau*). — Comment! dans les vingt quatre heures!!! C'est TOUT DE SUITE, citoyens! TOUT DE SUITE!!!... qu'il faut que les riches viennent cracher ici leur million! — Et que ça ne traîne pas !...

LA VOIX FLUTÉE *de l'extrême droite*. — A la porte! (*Rires, hurlements, agitation à gauche*).

Le citoyen GAMBADE, *président, secouant la sonnette*. — Citoyens, ceci n'est plus du parlementarisme. Qu'on fasse sortir les deux interrupteurs qui ont amené ce regrettable incident.

(*On se rue à la tribune d'où l'on arrache les deux orateurs que l'on pousse hors de la salle, malgré leurs vociférations inintelligibles.*)

Le citoyen GAMBADE *se levant*. — Citoyens, voici une heure stérilement dépensée dans cette enceinte. A la prochaine réunion, l'ordre du jour. Je viendrai, personnellement, vous soumettre ma profession de foi. — La séance est levée.

(*Il se couvre. Applaudissements. Profonde sensation à droite. M. Gambade, reconduit par ses assesseurs, est chaudement félicité pour sa bonne tenue au fauteuil.*)

— Pristi ! comme ils vont, là-bas ! murmura M%{me} Gambade émerveillée. Tu verras qu'il sera nommé.

Gambade jeta le journal par terre, violemment.

— Ta ! ta ! ta ! ta ! s'écria-t-il : ne comprends-tu pas que pour cette chambrée de propres-à-rien et de péroreurs, qui feraient mieux d'aller cirer des bottes, il y a dans la Capitale, des millions d'hommes sérieux et capables qui, en deux minutes, perceront à jour ton gros écervelé et ne te le nommeront pas plus député que le Grand-Turc ?... Voilà bien les femmes ! — D'où diantre voudrais-tu que ton fils eût des capacités que je n'ai pas ? — Où les aurait-il prises ? En avons-nous jamais eu quelque vent ? Veux-tu que je te dise ? Eh ! bien, c'est un garçon qui va se couler, tomber à plat comme une omelette soufflée, avec toutes ces calembredaines ! Et voilà tout ! Il faut qu'il revienne ! Il le faut ! Il n'est que temps. Je vais l'en sommer dès demain et il sait que j'ai la tête près du bonnet ! Dès demain ! — Je te dis que si cette feuille était connue ici, toute la clientèle de la Maison, qui est conservatrice, irait se fournir chez les Levertumier. Voilà le grave de toutes ces escapades. Gros-Jean comme devant, qu'on rentre dans la mélasse ! C'est le positif. D'ailleurs, je me fais vieux. Et, dans le commerce, la clientèle avant tout ! Tiens, tu sais si je donne dans les mômeries ? Eh ! bien, si j'étais malade... diable m'emporte, à cause de la clientèle, je ferais venir un calotin ! — Là-dessus, prends tes moines et dormons. Demain, il fera jour !... Député !... lui !... Ah ! j'en rirai longtemps !...

Comme l'excellent homme, réellement consterné, achevait sa véhémente sortie, un brouhaha de clameurs, mêlées à des piétinements de passants qui accouraient, se fit entendre sous les fenêtres, dans la rue. On distinguait les cris de : Vive le père Gambade !...

L'épicier pâlit et n'osa entr'ouvrir les rideaux.

— Est-ce que la ville tout entière, bégaya-t-il, vient nous donner un charivari, à propos des scandales politiques de Pantaléon ? O fils désastreux, ma boutique est perdue !

Mais soudain, la porte de la chambre s'ouvrit et Pacôme présenta, dans l'entrebâillement, sa face rougeaude. Il rayonnait, essoufflé.

— Patron ! patron ! vous ne savez pas ?... Ils disent comme ça, dans les rues, que M. Pantaléon est nommé député ! C'est affiché à la mairie. Une dépêche ! et officielle, encore ! De Paris ! venue tout à l'heure ! Et en voici une autre pour vous, avec les journaux du soir qui le disent !...

A ces paroles, Gambade recula, comme si un chat furieux lui eût sauté aux narines.

— Va-t'en ! cria-t-il d'une voix rude.

Pacôme, abasourdi de l'accueil, se retira.

Le vieil épicier était resté comme hébété, foudroyé !... — Quelque chose d'extraordinaire se passait en lui. D'un geste rapide, il rompit le télégramme qui ne contenait que ces quatre mots : — « *Ça y est !...* Panta-léon ; » puis ouvrit un journal qu'il parcourut d'un coup d'œil hagard.

Après un grand mouvement de paupières, il regarda de travers Mme Gambade, qui, oppressée par un accès de joie énorme, le regardait aussi sans pouvoir parler.

— Malheureuse !... balbutia, tout d'un coup, Gambade, en bondissant sur elle : tu m'as trompé ! ! ! avoue ! avoue moi *que — ce n'est pas mon fils !*

— Monsieur Gambade ! Est-ce que tu deviens fou, toi-même, à la fin !... cria la pauvre femme : — bois un verre de rhum, ça te remettra. Eh ! bien, quoi ? Il est député : et puis, après ? Pourquoi pas ?... Aujourd'hui ?... — Moi, je trouve ça tout naturel.

Mais il arpentait la chambre.

— Député ? lui !... pour de vrai !... murmurait-il. Comment ! Lui ? lui ?... Et ce serait mon fils ? Allons donc ! Allons donc ! A d'autres !

Il se laissa tomber dans son voltaire, en s'éventant avec son mouchoir. Il contemplait les tisons :

— Il me semble que je suis comme une poule qui a couvé, par mégarde, un œuf de canard, et qui voit ensuite, son soi-disant poussin se diriger tranquillement vers l'eau.

Mme Gambade, le trouvant plus calme, lui versa un second bol de thé.

L'épicier, perdu en des conjectures, creusait, maintenant, tous ses souvenirs, pour s'expliquer le phénomène. Il cherchait à se rappeler les noms des jeunes godelureaux du monde élégant qui hantaient autrefois sa boutique et papillonnaient autour de sa femme. Infructueux efforts ! Nul indice d'infidélité. Et, cependant, ces instincts de grandeur, cette rapide fortune, cette outrecuidance, cette réussite, surtout ! (Oh ! cette réussite !...) l'étourdissaient.

— Attendons quelques marchés de l'Etat ! pensait-il. Si Pantaléon sait, alors, tirer, comme on dit, son épingle du jeu, peut-être, reconnaîtrai-je mon sang.

Mais les gazettes du lendemain allaient acclamer avec des sonorités de grosses caisses, le coup de maître de son putatif rejeton ! Il fallait prendre un parti à la hâte. Et que croire ? Qu'opter ? Le digne libre-penseur, se sentant envahi par l'inconnu, ne clignait plus qu'un œil trouble.

Son inquiétant silence eût fini par blesser réellement Mme Gambade, si l'excellente femme, le connaissant, n'eût fait la part du désarroi mental de son époux. D'ailleurs, elle était tellement saisie, elle aussi, par la puissante nouvelle, que tout le reste ne lui semblait plus que « de la camelotte. »

Maintenant, Gambade père, plongé dans sa rêverie, avait donné un autre tour à ses recherches. Il passait en revue les cas médicaux de parturitions et gestations extraordinaires, envies, particularités d'atavisme, etc., qui lui revenaient à l'esprit. Il se remémorait les monstres qu'il avait vus dans les baraques foraines, aux réjouissances publiques, « et qui étaient pourtant nés de parents ordinaires et naturels. » Une bonne demi-heure se passa de la sorte.

Tout à coup, se frappant le front, il poussa un cri. Sans transition, tombant aux genoux de sa femme épouvantée cette fois, il lui embrassait les mains comme aux beaux jours de la noce et des roses d'antan. Une forte allégresse intérieure l'éclairait.

— J'y suis! s'écria-t-il enfin; ah! ventrebleu! saperlipopette! je comprends! j'y suis! Ne m'en veuille plus, ma bonne femme! Mais, tu sais... le premier moment... dame! Il y avait de quoi troubler un industriel! Enfin, maintenant, j'y suis! Oui, c'est bien mon fils!
— Au fond, j'en étais sûr... Mais je viens,

seulement, tout à l'heure, de comprendre *pourquoi* il est comme ça.

Tous deux se regardèrent en silence.

— Rappelle-toi, continua l'épicier, d'un ton maintenant froid et logique, rappelle-toi la mort de Levertumier père !.. Nous étions amis, alors, eux et nous : — on commençait. Nous fûmes donc invités à l'enterrement, ainsi qu'au repas funèbre qui s'en suivit. Il pleuvait. Tout cela donnait des *idées solennelles*. De plus, au point de vue pratique, cette mort nous tombait comme une aubaine, une occasion, enfin : car les funérailles attristent la pratique. On vint chez nous — et plusieurs de ses meilleurs clients, que je fis servir d'une manière ample, nous restèrent. J'avais donné mes ordres, dès la veille, à Pacôme, là-dessus. Tu vois que j'étais aussi dans des *idées diplomatiques*. — Comme on avait parlé sur la tombe, j'avais la tête pleine d'*idées de discours*. Or, le repas se prolongea fort tard, vu la pluie, si fidèle est ma mémoire. Si bien que, ma foi ! les *idées de libations* se succédèrent... on était jeune !... Enfin, tu te rappelles qu'au lever de table, nous étions tous deux un peu partis, comme on dit, dans les vignes du Seigneur ; nous avions notre plumet ! Nous rentrâmes donc, bras dessus, bras dessous, roucoulant comme deux tourtereaux et avec *des idées de verve et d'entrain* !... Il fallait voir !... Or, fais attention ! les idées, au fond, ça passe dans le sang ! — De retour ici, dans notre chambre chaude, j'ai souvenance qu'une fois le casque à mèche au front et la lampe soufflée, ma foi, dame... si fidèle est toujours ma mémoire... je te dis que le gaillard date de cette nuit là ! Or, Henri IV, une autorité et qui s'y connaissait, l'a formellement dit : « L'homme de génie n'est tout bonnement que celui qui naît avec un verre de vin dans le cerveau ! » Je partage, moi, les idées de ce monarque... sur ce point là, du moins. Donc, j'ai découvert la seule explication scientifique possible de mon fils. — Au lieu d'être ce qu'il eût sans doute été (s'il eût daté seulement du lendemain), un épicier honnête et tranquille comme son père, Pantaléon est solennel, diplomatique, discoureur, bon buveur et plein d'un entrain triomphant ! Réfléchis maintenant. Vois-tu ? Sens-tu ? Comprends-tu, enfin, ma pensée ? « Tel père, tel fils ! on chasse de race ! »

— Ah ! oui !... dit, en riant, Mme Gambade ; tu veux dire que, s'il est toujours en tête des autres, c'est qu'il a hérité de notre plumet ?

— Voilà le mot ! répliqua Gambade père en se relevant et en recommençant à marcher dans la chambre, pendant que sa femme se mettait paisiblement en devoir de remplir à nouveau d'eau bouillante les deux moines.

— Député ! j'ai fait un député ! grommelait-il à voix basse. Décidément, je pardonne de grand cœur à cette canaille de Levertumier. Ses obsèques m'ont porté bonheur ! Que Pantaléon devienne amiral, général ou évêque, à présent qu'il a mis le pied dans l'étrier, rien ne m'étonnera plus de sa part. J'ai la clef de l'énigme ! Et, au fait, puisqu'il a le plumet, il pourrait bien arriver — à TOUT !... s'écria brusquement Gambade, en s'arrêtant court, comme effrayé d'une idée soudaine qui lui avait traversé l'esprit.

— Dame !... aujourd'hui !... murmura Mme Gambade radieuse, en fourrant dans la couche les deux moines. — A moins que la France... ne se méfie de son nouveau sauveur !...

Il y eut un moment de profond silence.

— Qui sait ?... conclut le père Gambade, pensif, les yeux comme perdus dans ... enir et d'une voix que sa femme ne lui connaissait pas.

LA COURONNE PRÉSIDENTIELLE

Compte-rendu des dernières déterminations prises par les deux Chambres réunies en Assemblée-Nationale, à Versailles.

I

L'ORDRE DU JOUR

Les fortuites circonstances qui ont amené la démission, sans cesse atermoyée d'ailleurs, de M. le Président de la République française ayant paru démontrer qu'en dépit de toutes prévisions, la solidité même de ce mode de gouvernement n'était plus inébranlable, ses représentants ne pouvaient tarder à comprendre qu'une mesure exceptionnelle de sé-

curité publique devait être prise en toute hâte.
— « *à l'effet de paralyser, d'avance, les espoirs et menées possibles des Prétendants aux aguets des péripéties de la crise actuelle.*

L'occasion solennelle du Congrès n'étant pas de celles que l'on dût laisser échapper, voici la question préalable qu'il s'agissait d'envisager froidement :

1° — D'une part, les Princes, par leurs incessants manifestes, se sont acquis, on peut le dire, un certain renom de réformateurs libéraux, progressistes, aux visées à la fois fermes et sages, éclairées par de persévérantes études. On les sait doués, personnellement, du courage traditionnel chez les leurs ; chacun d'eux semblerait donc l'idéal du prince moderne, acceptable. Néanmoins, le parti républicain persiste à se méfier officiellement de leur sincérité.

2° — D'autre part, il est non moins constant que, dès son érection à la Présidence, M. Jules Grévy non seulement avait fait PREUVE, lui, de toutes ces qualités, mais encore qu'il y joignait la clairvoyance de l'âge, une pratique affermie par l'expérience et sa capacité de magistrat bien trituré aux affaires: — vertus qui, sur la foi d'un prétexte quelconque, n'ont pu conjurer son éviction.

La situation politique se trouvant donc, pour tout président futur, — (sauf de futiles questions domestiques)—exactement la même que lors de l'avènement de M. Grévy au Pouvoir exécutif, — (car nul homme, en France, n'oserait, en vérité, s'autoriser d'une auréole, d'un halo même, de plus parfaite honorabilité que celle qu'eut toujours et que gardera, probablement, dans l'Histoire, M. Jules Grévy), — quel serait donc, au point de vue d'une garantie supérieure de stabilité, le *surplus*, la plus-value dans la quotité de leur apport, qu'offriraient, à la nation, les Prétendants... (au cas, bien entendu, où la France pour rait juger opportun de s'en préoccuper) !...

La Couronne ! — ou, plutôt, son ombre, puisque les diamants mêmes en sont liquidés.

Certes, aux yeux d'une énorme minorité, la couronne de France est encore loin d'être une non-valeur : elle pèse son poids, et, si léger que d'aucuns le supposent, il pourrait encore suffire, hélas ! à faire pencher, bientôt peut-être, l'un des plateaux de la balance. — Eh bien ! pour obvier aux sentimentales exigences de ceux qui tiennent encore pour important ce hochet symbolique, une proposition des plus anormales, rédigée, sous forme d'hypothèse loyale, en vue d'en finir, d'une façon radicale, avec les factions qui nous divisent, a été déposée sur le bureau des deux Chambres :

« Si, — pour forcer l'union, tant désirée,
« des partis, et maintenir l'exubérante pros-
« périté publique, — l'Assemblée nationale

« osait décréter, simplement, une bonne fois,
« d'ANNEXER, avec une liste civile convenable,
« cette même couronne (à titre d'attribut pu-
« rement honorifique) aux fonctions prési-
« dentielles ?...

« Ce serait peut-être « *l'on ne sait quoi* »
« d'indispensable que tous désirent obscuré-
« ment pour, s'il se peut, relustrer le prestige
« un peu terni de la Présidence.

« Si, par voie de suffrage universel, la
« transmission de ce bandeau civique, tacite-
« ment héréditaire aussi, de présidents à pré-
« sidents, était, à l'avenir, affectée à leur
« charge ?... Si la vue de cet objet inoffensif,
« sur la forme duquel nos derniers maniaques
« du Passé se plairaient à reposer leurs regards
« leur était offerte, de temps à autre, sur les
« fronts provisoires de nos chefs d'État ?...
« Si, en un mot, le Président *de demain*, dans
« le but de faire face aux nécessités éventuelles,
« et pour parer au salut presque compromis
« de la République, était mis en demeure

« d'accéder, pour L'EXEMPLE, à cette op-
« portune concession, jusqu'à s'en assimiler,
« par esprit de conciliation, le convenu pres-
« tige, — (de même qu'au nom de la Consti-
« tution il accepterait de s'assimiler tous les
« autres insignes et privilèges afférents au
« royal ou dictatorial pouvoir), — *ne serait-il
« pas, alors, évident que les Princes, pour li-
« béraux, radicaux, républicains et progres-
« sistes qu'ils puissent être*, N'AYANT PLUS RIEN
« A OFFRIR QUE L'ON N'EÛT DÉJA, *se verraient,
« désormais, comme prétendants, sans raison
« d'être ?* »

Certes, pareille imagination devait sembler, de prime abord, à ce point... étrange... que son rejet, sans discussion, et à peine accompagné d'un vague sourire, s'annonçait comme tout indiqué. C'est, en France, le sort des plus pratiques, des plus sérieuses initiatives, jusqu'à ce que la réalisation, puis l'habitude, en aient consacré l'autorité.

Autant eût valu proposer de peigner le cheval de bronze.

Point donc ne fûmes-nous surpris de la silencieuse stupeur au milieu de laquelle fut notifiée cette idée... non plus que du presque immédiat et sympathique acquiescement que nos mandataires lui ont témoigné, après quelque réflexion, par ces touchants bravos dont retentissent encore les voûtes versaillaises. Si habitués que nous soyons au fantastique, — surtout en nos congrès, — (notamment depuis la fameuse discussion du *Quorum*, au début de laquelle députés et sénateurs, d'après les compte-rendus officiels, s'abordèrent en imitant divers cris d'animaux), la *réelle* valeur de cette combinaison devait, en effet, saisir bien vite les esprits. Car, malgré l'apparence, le convenu même, de son absurdité (c'est-à-dire de sa *nouveauté*), c'était bien la motion la plus pratiquement sage, on en conviendra, que nos délégués eussent proposée depuis longtemps.

LE PROJET DE LOI

Un texte de projet de loi fut donc élaboré sur-le-champ : le voici, dans toute son officielle rigidité :

« *Art 1ᵉʳ. — Le chef de l'Etat devra porter, désormais, comme insigne de la judicature suprême, l'ornement de tête communément appelé diadème ou couronne, avec le titre de prince de l'Ordre.*

« *Art. 2ᵉ. — Il aura la faculté de ne ceindre cet emblème exceptionnel que dans les grandes solennités nationales et publiques.*

« *Art. 3ᵉ. — La présente loi, sous réserve de l'acceptation de l'intéressé, sera promulguée dans les trois jours qui suivront son adoption par les deux chambres.*

Chose vraiment imprévue ! Les membres de la Droite se sont montrés les plus zélés, les plus éloquents même, comme on va le voir, en faveur de ce projet — qui, cependant, semble si bien fait pour anéantir leurs dernières espérances. L'Extrême Gauche a rivalisé d'émulation avec eux ; de sorte que le centre et la majorité qui, d'abord, avaient mis en avant la proposition, ont fini par devenir hostiles au projet qu'ils avaient eux-mêmes présenté ; ce qui s'explique par le besoin de contradiction qui fait le fond de la nature humaine.

Peut-être bien, aussi, grâce à une soudaine méfiance.

La loi, malgré eux, a passé ! enlevant, quand même, leurs suffrages.

Mais lorsqu'il s'est agi de procéder à l'élection d'un nouveau chef de l'Etat, au cas de la définitive démission de M. Grévy, un incident des plus bizarres s'est produit.

Se couvrant de raisons troubles, évasives, pusillanimes, oiseuses, même, à l'estimé du Congrès, — chacun des candidats à la Prési-

14

dence a cru devoir décliner l'honneur *d'être le premier* à se laisser ceindre le front du libéral diadème!... Sans se prononcer contre cette mesure, aucun d'eux n'a paru tenir à prêcher d'exemple, à servir, en un mot, de *précédent* pour ses successeurs! — L'Assemblée se trouvait donc prise en ce dilemme:

Ou renoncer à cet utile et séduisant projet de loi, — ou se passer de Président, « cette cinquième roue au carrosse », comme disait autrefois M. Grévy.

Le *statu quo* menaçait de se prolonger, lorsqu'un sénateur de l'un des centres, M. Jules Simon, dont nous ne pouvons que résumer l'éloquent discours, émit la solution suivante:

« — Bien que volontairement démissionnaire, ou tout comme, M. Grévy paraît ne quitter qu'à regret son poste souverain. Ce n'est, après tout, que pour des mésentendus, dont il est assez peu responsable, qu'il est tombé dans la disgrâce du pays, et que, par suite, nous lui avons témoigné quelque froideur.

« Devant les graves difficultés, déclarées même insurmontables, qui se présentent, lieu ne serait-il pas d'écarter bien des scrupules, — vains peut-être — et ne nous souvenant plus que des longues et prospères années que nous devons à son gouvernement, — de soumettre à sa haute sagesse, l'embarras politique où nous nous voyons ?... Qui sait ! Alors que tous reculent, peut-être accepterait-il de se dévouer, lui, jusqu'au sacrifice de sa chère simplicité, pour affermir cette fois à jamais la République ; — peut-être saisirait-il encore cette occasion suprême de prouver à la France à quel point elle s'est récemment abusée !... »

« Dans le cas où nous n'aurions pas en vain compté sur son désintéressement en cette circonstance, il va sans dire qu'en présence de ce service exceptionnel, la nation tout entière, en la sympathique indulgence qu'elle lui garde quand même, oublierait, sans nul doute les griefs, d'ailleurs très vagues, qu'elle croit avoir contre lui... et dont certain divorce, au besoin suivi de bannissement, suffirait à faire disparaître les dernières traces. — Par ce coup d'État pacifique, par ce 2 Décembre permis; par cette diversion victorieuse, M. Jules Grévy redeviendrait possible. Et le Congrès apaisé, refusant d'accepter la démission des pouvoirs du Président, celui-ci pourrait continuer d'occuper la charge qu'il aime jusqu'à l'expiration légale de son mandat. »

Ce discours, écouté par le Congrès tout entier avec la plus grande attention a d'abord été suivi de quelques instants d'une sorte de comateux silence, tant la stupeur qu'il causa fut profonde. Bientôt, toutefois, une soudaine explosion de clameurs terribles, de trépignements, vociférations même, — inexprimable — éclata ; les fameux cris d'animaux de la discussion du *Quorum* se rénovèrent. Les interjections les plus triviales se sont croisées ; — et c'est alors que le Centre gauche, effrayé de son œuvre, a fait brusquement volte-face et s'est montré d'une hostilité inconcevable au projet que lui-même avait présenté.

« — Démarche inutile, inepte ! Qu'est-ce que cette nouvelle insanité ? — Au petit local !

« — Y a-t-il un médecin, ici ?

« — Jamais Grévy n'acceptera d'être un coronoïde.

« — Un hippoglotide rostral, civique, oval ou mural !

« — Ce n'est pas sérieux !...

« — Nous retenons la démission promise.

« — On ne veut plus de lui, d'ailleurs, même à ce prix.

« — Ne rénovons pas le roi Léar !

« — On ne discute pas l'absurde !

« — Ne brusquons rien, tout s'arrange,

tout s'arrange ! N'agissons plus qu'avec maturité !...

« — Oui, tout s'arrange : tout s'arrange !

« — Il maintiendra plutôt la résignation de ses pouvoirs.

« — Qu'il n'a nullement résignés !

« — Eh ! eh ! qui sait ! L'on peut toujours tenter une démarche prémonitoire, officieuse, à l'effet de le pressentir sur...

« — Allons donc ! *Ous qu'est mon gendre !* »

Cette inqualifiable grossièreté a donné, pour ainsi dire, le signal à l'ouragan des onomatopées :

« — Hou ! hou ! — Boussbouss ! — Ah ! ha ! — Da, da ! — Gna-gna fou-fou ! — Gaga ! — Maboul ! — Zut ! — A l'ours ! — Au rancart ! — A la lanterne ! — »

Nouvelle et, cette fois, immense explosion de cris, imitant, — avec bonheur, même, — ceux de diverses familles, catégories et groupes de l'Animalité ; c'est-à-dire bubulants, grouïnants, canquetants, coraillants, ucubérants, coquelicants, cacardants, coucouants, crêtelants, fringottants, glougloutants, huïssants, margottants, gloussants, stridulants, tirelants, trompettants et tutubérants. — (D'ailleurs, aucun rugissement).

« M. Paul de Cassagnac, *de son banc, abaissant la main sur ses yeux, et cherchant à discerner les mutins.* — Les ménageries foraines, se trouvent-elles donc à ce point débordantes, en Versailles, que quelques-uns de leurs hôtes semblent s'être réfugiés au Congrès de France ? »

A ces paroles peu parlementaires, l'effroyable tumulte devient tel qu'on n'entend ni la sonnette du Président de l'Assemblée, ni le rappel à l'ordre.

Cependant le calme s'étant graduellement rétabli, l'on a commencé à échanger des phrases syllabisées.

Après une controverse générale à laquelle ont participé la plupart des commissaires, le débat s'est circonscrit et concentré entre l'un des ducs les plus écoutés de la Droite et l'un des sénateurs notoires du centre gauche.

Nous nous bornerons à donner l'extrait ci-après de ce colloque saisissant :

A LA TRIBUNE

Le duc. — « Parmi les objections qu'on nous a opposées, il en est une en vertu de laquelle on espère établir que tout emblème n'est, au fond, qu'une parure oiseuse, une sorte de frivolité. Quelque valeur qu'on puisse accorder à cette opinion, nul ne saurait contester, sans nier l'évidence, qu'elle n'est professée, jusqu'à ce jour, que par une excessive minorité des habitants de notre planète. Donc, pour l'immense majorité de nos semblables, j'ai le droit d'affirmer que la Couronne est, en Europe, le complément réglementaire du costume officiel d'un Chef d'État moderne. Elle est d'uniforme. S'en dispenser n'est que jouer au travesti. Tout élu de Dieu ou du Peuple, pour ne point faire tache dans le tableau, doit se soumettre à l'usage de la ceindre. L'on doit être correct et d'ordonnance, — de son siècle enfin. Le Progrès, basé sur l'éclectisme, nous prescrit de ne rien exclure d'utile ou d'opportun. Toute omission de diadème au front d'un Chef d'État, n'est qu'une infraction de l'irrégularité la plus choquante, un manque de tenue qu'aucune arrière-pensée avouable ne saurait justifier. Une parure de plus ou de moins n'augmenta ni ne diminua jamais la valeur intrinsèque de personne et l'on peut porter une couronne sans cesser d'être un homme supérieur. Il y a même quelques exemples du fait, de Sésostris à Salomon, de Salomon à Marc-Aurèle, de Marc-Aurèle à Charlemagne, de Charlemagne à Saint-Louis, de Saint-Louis à Bonaparte. — Si, à l'aide d'un grave sourire, on pense pouvoir éluder cette nécessité, l'on risque, au moins, de passer pour une sorte d'original, de don Quichotte qui veut s'afficher en frondant des exigences de la mode. — Dès lors, si l'on persiste en ces allures, la chose devient une affectation d'inconvenance qui refroidit insensiblement l'indulgence initiale des sourires. Lorsqu'on ne peut se distinguer que par une sorte de négligence, du goût le plus contestable, l'on finit par gêner tout le monde, sinon soi-même. Concluons : le manque systématique de diadème, n'étant qu'une protestation négative, ne saurait constituer un brevet de capacité suffisant pour légitimer les pouvoirs conférés au Chef d'une nation. »

Le sénateur. — « Nous répondrons tout bonnement que la couronne est l'emblème officiel d'une tradition incompatible avec les principes républicains, dont nous avons fait serment de sauvegarder en tout et partout l'intégrale dignité. »

Le duc. — « En ce cas, dans quel but avoir

naguère envoyé un ambassadeur extraordinaire au Couronnement d'un empereur, pour féliciter en son auguste personne le triomphe d'un principe ennemi des vôtres ? Pour attester une alliance ? Oh ! croyez-nous, les mesures de courtoisie de ce genre n'ont de sens qu'entre gens couronnés, chacun d'eux ne venant féliciter dans l'autre que la consécration solennelle d'un principe supérieur en un passant de plus. Si c'est uniquement de la santé de l'empereur Alexandre III que M. Waddington est allé s'enquérir à Moscou, ce n'était pas la peine de se déranger ni de grever le budget d'une dépense inutile. Si c'est en simple curieux, — n'espérant contempler dans le Tsar qu'une sorte de roi nègre, — que ce diplomate a tenu à faire ce voyage, ne pouvait-il risquer l'aventure à ses frais et remplir sa mission sous un modeste incognito?... Mais si c'est vraiment en représentant de la France républicaine qu'il a dû parader dans ces fêtes, c'est qu'alors les principes de 89 sentent déjà leur

Moyen-Age ! Car, en vérité, la « Convention, » devant la seule proposition d'un tel mandat, n'aurait probablement répondu qu'en allégeant d'emblée de la tête le courtisan malavisé qui s'en fut fait le promoteur. »

Le sénateur. — « Il est des intérêts internationaux dont la juste importance prime, de nos jours, l'apparente valeur de ces vains scrupules. Les rois ont reconnu la République française... et les relations, entre voisins, sont obligatoires. — Histoire ancienne tout cela. »

— Le duc. — « Les rois, monsieur le sénateur, ne peuvent pas plus reconnaître la République que la République ne peut reconnaître les rois. C'est un simulacre auquel se prête l'étranger par une politique aussi dédaigneuse qu'intéressée. Et puisque les conservateurs actuels de la République se résolvent, par esprit soi-disant de patriotisme, à de tels compromis, qu'ils systématisent, au moins leur illogisme ! Qu'ils concilient, à la fois, leur austérité et leurs intérêts en soumettant M. le Chef de l'État à l'innocente formalité de se couronner comme tout le monde ! »

LE SÉNATEUR. — « Monsieur le duc, il est au moins paradoxal de prétendre que, sous prétexte de régularité, l'honorable Président de la République française doive s'affubler d'une couronne, emblème, disons-nous, d'une sorte de souveraineté que nous répudions. »

LE DUC. — « La République ne proclame-t-elle pas la souveraineté du Peuple, et la plus haute expression du suffrage universel n'est-elle pas représentée par M. Grévy? Si donc le signe officiel du Pouvoir exécutif brillait sur le front du Président, le Peuple n'y pourrait reconnaître que la majesté de son propre droit et se sentirait couronné lui-même en son élu. En d'autres termes, pourquoi M. Grévy reculerait-il ici, devant son devoir, pour la première fois de sa vie? »

LE SÉNATEUR. — « Les puissances regarderaient une telle cérémonie comme un acte insensé, et la France en deviendrait ridicule.

Voix diverses, au centre gauche. — C'est une fumisterie!... Vous parlez en fumiste! »

Le duc, souriant et se détournant. — « Oh! ceci, messieurs, ne me blesse pas. Le fumiste? C'est, de nos jours un médecin salubre qui empêche les cheminées malsaines d'empoisonner, à de certaines heures, jusqu'à la mort, les habitants de la maison. (*Vers M. Ribot*). — La France ridicule, disiez-vous ? Alors qu'elle donnerait au monde ce magnifique exemple, le sacre d'un Honnête homme ? Un tel sacre rappellerait, au contraire, celui de saint Louis. »

Le sénateur. — « M. Grévy est un citoyen modeste, dédaigneux de tout apparat. »

Le duc. — « Nul plus que moi, Monsieur, ne rend à ce digne vieillard, qu'accable un presque immérité malheur, l'hommage qui lui est dû. »

« Je veux même croire que si ses seuls intérêts étaient en cause, il préférerait sa démission à la couronne. Mais il s'agit des nôtres, encore une fois, et c'est là ce qui change la thèse. Il s'agit d'une simple mesure de tranquillité publique. »

« Ah! ça, quel homme serait-ce donc, selon vous, pour qu'on n'en dût pas attendre un sacrifice de plus à son pays? Bien que son caractère l'élevât, je pense, au-dessus des faiblesses de nos vanités, est-ce que M. Jules Grévy ne s'est pas résigné, déjà, à revêtir nombre d'insignes afférents à la dignité de Chef-d'État?... Le grand cordon de la Légion d'Honneur, par exemple?... Hâtons-nous d'ajouter, à sa louange, qu'il en a fait peu de montre et qu'il le porte plus volontiers dans sa poche, un peu comme un commissaire de police porte son écharpe. Ayant remarqué, sans doute, que ses administrés les plus contempteurs de nos titres sont souvent les plus âpres à... quêter... celui de chevalier, il revêt, parfois cet insigne, afin de pouvoir, pour ainsi dire, leur en délivrer des fragments honorifiques. — Quoi qu'il en soit, cette concession de sa part constitue un précédent sérieux, une force de chose jugée, — par lui. Le diadème, dans l'espèce actuelle, est de même nature que le Grand-cordon... ou la Toison-d'Or. »

LE SÉNATEUR *en souriant et après avoir consulté du regard ses collègues.* — A la rigueur, puisque vous y mettez cette insistance... je le veux bien... — Toutefois, je serais curieux de savoir ce qu'en pensera M. le comte de Faris ! »

LE DUC, *souriant aussi.* — « En quoi voulez-vous que cela l'occupe ! Ne sait-il pas bien, Lui, n'avoir nul besoin de porter, matériellement, une couronne pour que tout royaliste, jusqu'à la mort, en aperçoive quand même, sur son front, l'auguste rayonnement ? »

UN SÉNATEUR, *un peu surpris.* — « Mais,

— mais ce royalisme que vous-même représentez officiellement en cette enceinte... »

Le duc. — « Eh bien ? »

Le sénateur. — « Comment le conciliez-vous... »

Le duc. — « Il est des instants graves où le souci de la tranquillité du public peut entraîner à des actes de trop généreux enthousiasme !... Demain, peut-être serait-il trop tard pour en profiter. »

La discussion pouvant être considérée comme épuisée on est passé au vote et à la stupeur générale, l'unanimité de la Commission s'est prononcée en faveur du projet. — On a procédé aussitôt à la nomination d'un rapporteur, et il va sans dire que le grand leader du centre gauche a obtenu tous les suffrages. — Aussitôt après a été désignée la délégation chargée de se présenter le lendemain à l'Élysée.

— Mais l'émotion, dans Paris, a été considérable lorsque le bruit s'est répandu de cette importante détermination et lorsqu'on a su qu'une délégation de la Commission mixte s'était présentée le matin même, au palais de l'Élysée, pour soumettre ce vœu du Parlement à l'appréciation du Président de la République.

AU PALAIS DE L'ÉLYSÉE

10 heures du matin.

Entouré de sa maison militaire et civile, M. Jules Grévy a reçu, dans le grand salon d'honneur du palais, les Commissaires délégués, avec l'affabilité courtoise qui lui est habituelle.

A peine si l'on pouvait lire sur ses traits la fatigue causée par la rédaction du message qu'il nous prépare.

Le rapporteur de la Commission a pris immédiatement la parole et a donné lecture du rapport approuvé par la totalité de la Commission.

(Nous devons à la gracieuseté d'un sténographe de nos amis le texte authentique de cette allocution que nous croyons devoir livrer aux méditations de nos lecteurs.)

L'honorable rapporteur s'est exprimé en ces termes :

« Monsieur le Président.

« Convaincus que vous ne sauriez être indifférent à tout ce qui peut concourir au prestige de la France, aux destinées de laquelle vous présidez encore, nous avons l'espoir que vous accueillerez avec faveur les hautes considérations qui ont dicté la démarche que nous faisons auprès de vous.

« Si nous avons craint, un instant, que la modestie de vos goûts ne s'effarouchât d'un surcroît de dignités, nous n'avons point tardé à nous rassurer en songeant, en nous souvenant, que vous êtes de ces hommes qui ne sauraient hésiter à sacrifier à un intérêt général la simplicité de leurs louables habitudes.

« L'heure n'est-elle point venue d'envisager enfin, sans illusions, le rôle exact de notre pays dans le concert européen ?

« Si nous jetons les yeux autour de nous, quel est le spectacle qui s'offre aux regards les plus désintéressés ? De tous côtés, de l'Orient à l'Occident, il faut bien se l'avouer, la France se voit entourée de nations chez lesquelles la forme monarchique semble devoir encore prédominer. Quelque pénible que soit cette constatation, il est impossible de nier que le prestige de la royauté n'exerce sur les peuples voisins une influence considérable. Tout récemment encore, n'avons-nous pas vu un peuple de près de cent millions d'âmes s'exalter, s'associer avec enthousiasme, à la consécration du pouvoir absolu, temporel et spirituel, d'un impérial souverain ?...

« A coup sûr, l'autorité de ce Chef d'État n'était pas *moindre* AVANT cette grande cérémonie. Il régnait, il gouvernait et disposait, autant qu'à présent, de la destinée de ses sujets. De prime abord, cette consécration eût donc dû sembler superflue et ce souverain s'en fût certainement dispensé, pour plusieurs motifs, s'il n'eût senti... qu'il avait à respecter non seulement un usage traditionnel, mais encore à contenter les croyances naïves — les préjugés même — d'une immense majorité humaine qui ne trouve la justification de son dévouement, de son respect, de son obéissance que dans la contemplation d'un symbole [1].

« C'est donc pour accomplir une formalité haute et simple que cet homme, au mépris de tous périls, s'est revêtu des insignes de sa dignité.

« Est-ce que la fonction d'un despote absolu

---

[1] Voir le *Temps* du... juillet 1888.

aurait droit à s'entourer de plus de respect
que celle d'un magistrat gouvernant un peuple
libre ? S'il est un attribut de nature à provoquer, chez la plupart des hommes, cette intime déférence, en vertu de quoi priverait-on
toute une nation de la faculté de manifester,
elle aussi, la plénitude de son hommage ?...
Qu'importe qu'une élite ombrageuse dédaigne
comme superflus les signes extérieurs de toute
investiture, si la presque totalité des êtres,
incapable de s'élever à ces notions d'austérité,
s'énorgueillit, d'instinct, du signe suprême
qu'elle attache sur le front du premier de ses
élus ? Que ce soit une faiblesse, nous n'ose-
rions le contester. — Quel mortel n'a point
les siennes ? Il n'en est que de plus ou moins
légitimes. Qui ne sacrifie, journellement, aux
habitudes générales, aux usages reçus, aux
modes consacrées ? Quels sont ceux qui ne
subissent même l'esclavage de ces modes, la
tyrannie du respect humain ? Qu'obtient en
général celui qui se soustrait, de parti pris,

aux conventions, aux usages, aux coutumes en vogue, si ce n'est un renom de pure excentricité ? Et ce besoin de se singulariser, ayant pour résultat d'attirer sur soi l'attention, ne constitue-t-il pas une sorte de vanité... supérieure, sans contredit, à celle de l'homme qui se vêt, par exemple, qui se costume enfin comme tout le monde et réalise la suprême distinction dans le simple fait de n'être point remarqué ?... Enfin, puisque les prétendants actuels au trône constitutionnel de France n'ont qu'une couronne de plus à faire valoir pour menacer l'ordre établi, n'est-il pas légitime de se l'assimiler au nom de la sécurité publique ?

« Cette dernière considération a paru si concluante si péremptoire à tous les membres de la Commission qu'elle a mis à néant les objections, d'ailleurs timides, qui s'étaient élevées dans son sein. Comment admettre, en effet, que le chef vénérable de notre pays ne cherchât, à son insu, dans l'excès de sa simplicité, qu'une occasion d'exciter les curiosités vaines, de fomenter la critique, de favoriser l'indécision ou les manifestes des princes, de froisser d'augustes susceptibilités internationales, d'attiser la malignité et, sinon de provoquer le scandale, du moins d'entraver à la longue le mouvement d'adhésion à la forme gouvernementale que nous ne devons nous-mêmes, après tout, qu'aux seules prédilections du Suffrage universel!...

« En conséquence, nous espérons, Monsieur le Président, que vous apprécierez les motifs irréfragables sur lesquels s'est étayé le projet de loi que nous soumettons à votre approbation, et nous sommes persuadés que vos scrupules à ceindre, parfois, votre front d'une couronne ne sauraient l'emporter sur le besoin si louable et si vif, chez vous, de passer inaperçu.

« En quoi l'accessoire d'une suprême dignité serait-il, après tout, plus inutile ou plus méprisable que cette dignité elle-même? La valeur de cette considération finale n'échappera pas à votre esprit sagace et judicieux. »

Aussitôt le prononcé de ce discours, un murmure approbateur accueillit la conclusion de ce remarquable rapport, dans la rédaction duquel on peut deviner, aisément, une de nos brillantes plumes académiques.

M. Jules Grévy a répondu :

« Messieurs les Commissaires,

« Le soin que le Parlement croit devoir
« prendre de ma dignité, surtout dans les
« pénibles circonstances que je traverse, ne
« saurait me trouver insensible. Quelque
« inattendue que soit la proposition qui m'est
« faite, si incompatible, si contraire à ma
« nature qu'elle paraisse, je ne crois pas de-
« voir me dispenser, par déférence pour la
« représentation nationale, d'en prendre acte
« et d'y réfléchir. Croyez, messieurs, que je
« suis touché de cette marque nouvelle de

« sollicitude de la part des Grands Corps de
« l'Etat. Quel que soit le résultat de mes
« réflexions, je n'oublierai pas que l'intérêt
« seul de la République doit dicter ma déter-
« mination. »

Les membres de la Commission se sont retirés fort satisfaits de l'accueil présidentiel et pleins d'espoir dans l'heureuse issue de leur démarche.

AU CONGRÈS

Après avoir rendu compte à l'Assemblée nationale, en permanence, du résultat de leur visite au Palais de l'Elysée, les Commissaires se sont réunis quelques instants dans leur bureau, pour un dernier échange de vues. S'étant vite aperçus qu'il ne leur restait à délibérer, jusqu'à nouvel ordre, sur aucune question, même accessoire, ces messieurs, toutefois, économes du temps, ont cru devoir se communiquer (à titre confidentiel et sous forme, en quelque sorte, d'innocente récréation), les diverses idées que pouvait leur suggérer leur imagination touchant le cérémonial probable des fêtes prochaines du Sacre.

La causerie, générale quoique intime, n'a pas tardé à s'animer sous le choc d'un certain nombre de propositions insolites.

L'honorable M. de Gavardie, par exemple, s'est écrié tout à coup :

« — Quelque désireux que je sois de maintenir la concorde qui règne, par hasard, entre nous, je serais charmé d'apprendre quelle sera l'attitude de mes amis de la Droite si le Gouvernement, par exemple, avait l'intention de contraindre le clergé à participer à cette cérémonie, dans la cathédrale. »

« — En pareil cas, a répondu M. Chesnelong, nous demanderions que Monseigneur l'Archevêque de Paris et ses suffragants ne se rendissent au temple que traînés par la force publique. »

Un membre de l'Extrême-Gauche, en conciliateur, a brusquement interrompu :

« — Afin d'éviter un aussi fâcheux éclat, ne serait-il pas plus sage d'interdire simplement au clergé l'accès de Notre-Dame ?

« — Jamais le peuple français, s'est écrié quelqu'un, ne croira, vous dis-je, à la valeur d'une consécration où n'officieraient aucuns ministres en habits sacerdotaux !

« — Si l'on proscrit le costume ecclésiastique, s'est écrié un chevau-léger, j'exige que le laïque le soit également ! »

A cette hyperbolique motion, une légère rougeur envahit le front de la plupart de nos honorables.

« — Est-ce qu'à vos yeux, monsieur, la nudité serait seule de mise ? »

A ce moment M. Jules Simon est intervenu :

« — S'il n'y a que cette difficulté, rien n'est plus facile que de la tourner, en priant quelques citoyens de bonne volonté, à défaut des membres autorisés du Conseil, de revêtir les vêtements pontificaux, alors surtout que nous avons la presque certitude que Monseigneur Richard se fera un plaisir de mettre sa garde-robe à la disposition de qui de droit. »

Cette façon imprévue de ménager toutes les susceptibilités a paru si heureuse, que M. Chesnelong lui-même n'a pas cru devoir en blâmer, outre mesure, la singularité, vu l'urgence.

Dès lors, les interruptions se sont entrecroisées, avec cette aimable désinvolture, cette bonne humeur, ce nonchaloir de bonne compagnie qui sont l'apanage reconnu de l'esprit français.

Au milieu du désordre général s'échappe

un flot de phrases décousues, tronquées, dont voici quelques lambeaux :

« — Moi, dit l'un, je propose que des salves, tirées par nos meilleurs invalides, annoncent l'aurore de ce beau jour !

« — Il serait même convenable que la rue Legendre se soit vue débaptisée dans la nuit par M. Mesureur.

« — Cela va sans dire. — Mais il est une question plus grave !...

« — Laquelle ? Laquelle ?

« — Qui donc placera la Couronne sur le front du Président ?

« — Je m'en charge ! hurle une voix menaçante.

« — C'est trop d'abnégation. Elle ne saurait être, ce semble, conférée que par un homme dont l'âge, le puissant génie politique et oratoire, les hasardeuses et lointaines entreprises coloniales, enfin l'autorité morale sont reconnus de tous.

« — Messieurs, occupons-nous, un peu, des divertissements publics !

« — Ceux consacrés par l'usage ne sont-ils pas suffisants ?

« — Sans doute... — Cependant, sait-on quelle sera l'attitude des ambassadeurs des puissances étrangères...

« — Pourvu que le Corps diplomatique soit invité à monter sur les mâts de Cocagne, il est permis de compter au moins sur sa neutralité bienveillante.

« — Alors il est décidé que l'on n'ira pas jusqu'à Reims ?

« — Non, cela sentirait, un peu trop, le moyen âge : contentons-nous de Notre-Dame.

« — Je demande qu'une estrade, d'une hauteur inusitée, soit réservée aux membres du Congrès.

« — Pourquoi pas un ballon captif ?...

« — La Droite n'y voit pas d'inconvénient.

« — La Gauche non plus, monsieur !...

« — Et l'élément féminin, quel rôle jouera-t-il ?...

« — Les demoiselles de l'Opéra ne pourraient-elles ébaucher un pas sur le parvis de Notre-Dame ?

« — Vous allez un peu loin !

« — Mettons que le patriotisme m'égare.

« — Quant aux dangers, M. le préfet de police, à l'instar de son collègue moscovite, aura passé la nuit dans la cathédrale, en compagnie de ses plus fins limiers, pour s'assurer que des pois fulminants n'auront pas été placés sous le fauteuil présidentiel par des mains intransigeantes.

« — Oui ! la plus franche cordialité sera de rigueur !... »

A ces paroles, le brouhaha devient assourdissant au point qu'il n'est possible de discerner qu'un enchevêtrement de syllabes incohérentes. — Cependant, M. Clémenceau :

« — Après le café, vers midi, défilé, recueilli, du cortège. Dans Notre-Dame, illuminée au gaz, un prône laïque sera débité par le R. P. Loyson. La *Marseillaise*, suppléant au *Te Deum* suranné, sera dite officiellement, à l'orgue, par M. Paulus. Quelques cris prophétiques, arrachés par le feu de cet hymne, — par exemple : « A Pékin ! A Pékin !... » pourront être proférés alors, pour la forme, par quelques membres vénérables du Centre gauche. — Religieux spectacle, qui, aidé de quelques paroles édifiantes de MM. Tirard et Léon Say, ne manquera pas d'opérer de miraculeuses conversions. Le Sacre sera terminé par un motet au dieu Terme. Au retour du cortège, des reposoirs, avec poêles à la papa, seront dressés de distance en distance. »

A quoi, M. Chesnelong :

« — Après une sieste due à quelque fatigue, le Prince de l'Ordre devra comme le Tsar, se mêler au peuple, en partager les jeux : —

entrer, par exemple, incognito, dans quelque logis ambulant de somnambule extra-lucide, laquelle ne manquera pas de lui dire : — « *Vous êtes comme l'oiseau sur la branche ;* » ou : « *Vous allez recevoir la visite d'un homme de campagne !* » ou : « *Vous êtes sur le point de partir pour un grand voyage.* »

« — De retour à l'Elysée, après la Marche aux flambeaux, il pourra s'écrier comme Titus : ce sacre... est le plus beau jour de ma vie !

« — Et le lendemain ! quel prestige ! quelle résurrection ! Quelles Pâques fleuries dans tous les cœurs. Voici renaître, avec le luxe de la Cour, les affaires, le crédit, la confiance, le Commerce, les nobles enthousiasmes, la foi, le succès, l'avenir ! Tout respire la joie, l'allègement, la force d'un pays qui reconnaît, enfin, son PÈRE !

« — Oui, puisque, comme l'a si judicieusement déclaré M. Adolphe Thiers, la France est, avant tout, centre gauche. »

Sur ces touchantes conclusions, MM. les Commissaires se décident à rentrer dans l'enceinte de l'Assemblée.

Le Congrès, tout entier, se réjouissait. Monseigneur Freppel, fort ému regrettait au milieu d'un groupe de l'Extrême-Droite que le décret n'eût pas été voté du 10 au 12 juillet, alléguant la solennité du 14, où, d'après son opinion, il eût été très utile que M. Grévy portât une première fois l'insigne de sa dignité.

MM. de Freycinet et Barodet semblaient peu éloignés de partager cet avis. Dans un groupe formé de M. le duc de la Rochefoucauld-Doudeauville, de M. Bocher et de M. Chesnelong qui venait de les rejoindre, l'on devisait à voix basse : au style des sourires on devinait qu'une joie recueillie les animait.

Seul, M. Jules Ferry semblait distrait, comme si la question l'eût peu intéressé ; cependant on lui avait donné à entendre qu'à titre d'Homme d'Etat tout particulier, presque exceptionnel même, il lui serait conféré, naturellement, l'office quasi sacerdotal de poser la couronne sur la tête du récipiendaire.

Ce nonobstant, il paraissait somnoler.

Sur ces entrefaites, quelques objections se sont élevées, — non sur le fond mais sur la forme, — entre M. Paul de Cassagnac et M. de Baudry-d'Asson à propos de cette question jetée, soudain, par le surprenant M. Colfavru :

« — Est-ce la couronne impériale ou la royale que devra ceindre M. Jules Grévy ? »

Une discussion vive s'est engagée à ce sujet et les membres de toutes nuances de la Chambre se sont tellement passionnés pour cette alternative que chacun considérait comme une sorte d'injure si l'on ne choisissait pas la couronne dont le symbolisme répond le mieux à ses préférences.

Il serait erroné toutefois de supposer que les représentants des divers partis monarchiques aient apporté, dans ces débats, une arrière pensée.

Mais, comme la discussion s'éternisait, que les esprits semblaient prêts à s'aigrir et que la discorde menaçait de détruire l'entente provisoire de tous, M. Jules Ferry, se réveillant au bruit et mis au fait de l'incident, demanda la parole.

Par un de ces traits éblouissants qui attestent le remarquable talent de ce grand politique, il venait de trouver, au rouvrir des yeux, un merveilleux moyen terme dont l'énoncé a ramené le calme. Il a eu, en un mot, l'idée ingénieuse, acclamée à l'instant, d'introduire dans la loi l'amendement suivant sous forme d'article additionnel, ainsi conçu :

Art. IV. — « *A défaut de la Tiare, le chef*
« *de l'Etat devra porter, à tour de rôle, tantôt*

« *la couronne impériale, tantôt la couronne*
« *royale,* — *ce qui donnera satisfaction, suc-*
« *cessivement, aux doubles exigences des par-*
« *tis monarchiques sans porter atteinte à l'in-*
« *différence des républicains pour l'un ou l'au-*
« *tre de ces ornements accessoires.* »

Inutile d'ajouter que la joie épanouit aussitôt tous les visages, tous les cœurs. Devant cet accord imprévu et dans la crainte qu'un nouvel incident ne changeât l'étrangeté contagieuse de cette union en une zizanie irrémédiable, le Président du Congrès a immédiatement proposé et fait adopter, aux applaudissements unanimes, le renvoi de la séance, à neuf heures trois quarts.

LA SÉANCE DE NUIT

Dès neuf heures, tous les membres du Congrès sont à leurs bancs. Dans l'attente de l'événement décisif, sur l'heureuse issue duquel personne n'élève même un doute, les conversations particulières sont rares et discrètes.

Au milieu de ce silence religieux qui plane, d'ordinaire, en ces sortes de circonstances, M. Maurice Rouvier, chef du Cabinet, montant à la tribune, donne lecture du Message présidentiel suivant :

« Messieurs les sénateurs, Messieurs les députés,

« — Quelques spécieuses que soient les
« raisons qui m'ont été présentées, au nom de
« l'Assemblée nationale, au sujet d'une super-
« fétation dans les attributs de ma charge, je
« ne les ai pas jugées assez concluantes pour
« me décider à porter une marque décorative
« qui pourrait laisser supposer au pays une
» variation inopportune dans mes goûts et mes
« idées.

« Que le Congrès veuille bien en recevoir

« tous mes regrets, avec le maintien de ma dé-
« mission. »

« Le Président de la République française,

« Jules Grévy. »

L'étonnement est porté à un tel degré que toutes les bouches en restent béantes et qu'à peine s'élèvent quelques cris — inarticulés, d'ailleurs, au point de déconcerter, les sténographes. De telle sorte que celui d'entre eux à l'obligeance duquel nous devons le communiqué de ces lignes, hésitant à les contresigner, nous ne croyons devoir livrer que sous toutes réserves, au public, ce document extraordinaire.

L'INCIDENT FINAL

minuit 1/2

Le bruit court qu'après le vote de l'ultimatum « *La mettre ou se démettre !!!* », députés et sénateurs de toutes nuances, impatients d'avoir, aussi, leur nuit du 4 août ou, tout au moins, jaloux de parodier le désintéressement de leurs pères (putatifs) de 89, en faisant abandon, sur l'Autel de la Patrie, de leurs prérogatives parlementaires, se sont précipités pêle-mêle, d'un commun élan sur le bureau présidentiel, pour offrir, à l'envi, sinon leurs propres démissions, du moins celles de leurs collègues. — Et la séance a été levée *ex abrupto*, au milieu d'un enthousiasme d'autant plus indescriptible que chacun essayait en vain d'en chercher le fondement et la justification.

AU GENDRE INSIGNE

—

« — Ah ! ça, Monsieur l'homme de bon sens, là-bas, — qui nous raillez de si haut, — comment ! vous, — devant le groupe duquel, depuis tant d'années, se sont inclinés les drapeaux des armées de France, vous qui receviez du Trésor, de toutes parts, plus d'or que l'on n'en voudrait thésauriser, vous aviez, hier, les riches palais, les vieux châteaux, les jardins de l'Etat, les forêts légendaires, pour vous reposer de vos labeurs de gouvernant ! Et dans vos caves, les plus précieux crus des vins de France, vous aviez les meutes joyeuses, les chevaux de race ! Et dans vos bals étouffants, où vous faisiez montre d'une si sage économie, les plus brillantes parmi les plus belles ne vous parlaient, officiellement, qu'avec leurs plus engageants sourires, souvent même, à voix basse. — Très basse, en effet ! — Vous aviez le vaste pouvoir, l'on vous avait remis le soin de veiller sur la patrie toujours vivante, de veiller sur son vieil honneur, dont je sens en ce moment que ma voix tremble. Et l'on ne vous demandait, en échange de tous vos apanages, que de vous occuper un peu, entre temps, de ce peuple — si candide qu'il vous regrettera peut-être, — et de son morceau de pain.

« — Si vous vouliez agir en princes fainéants, — il vous devait sembler naturel, au moins, de jouir de cette profusion, (presque sacrée puisqu'elle n'est pas aux enchères) de tant de choses, si enviables, si grandissantes, si belles ! — Elles étaient *palpables*, ces choses ! Ce n'étaient pas des rêves !

« — Eh bien non. Vous aviez, paraît-il, d'autres soucis ! Vous ne pouviez posséder ces splendeurs, tout en les détenant, parce que vous leur étiez aussi étrangers qu'elles sont étrangères pour vous, et que nul ne possède que ce qu'il peut éprouver. Entre vos mains, ineptement cupides, ce n'étaient que des feuilles sèches. — Et vous aviez jusqu'au renom sans ombre ! jusqu'aux garanties d'une durée stable de votre toute puissance, dans le sentiment public.

« — Mais quel était donc cet étrange souci qui vous obsédait au point de mépriser toutes ces hautes joies ? Quel était ce passe-temps si digne, si sage, si captivant que vous préfériez à la jouissance de toutes ces choses ?

« En France, pour sceptiques, hélas que nous soyons devenus, l'on gardait encore une dernière déférence pour une… toute petite, mais belle, frivolité : ce bout de ruban rouge, qu'après tout le sang de nos troupes empourpre d'une lueur d'honneur… qu'il gardera malgré d'oubliables menées !

« Votre premier devoir était de ne le délivrer qu'à ceux-là qui ont bien fait, — et qui pouvaient en être justement fiers.

« Eh bien, le passe-temps qui vous souriait de préférence, c'était de chercher à ternir et discréditer, en vue d'un lucre inutile, ce dernier insigne, encore pur, à l'intégrité duquel il était bien permis de tenir un peu.

« Non ! non ! ceci décèlerait un tel aveuglement, que, malgré l'immense rumeur, mon esprit se refuse à y croire. — Ne venez-vous pas de nous parler de « poètes » ? Eh bien, comme tel, je préfère ne vous accuser que de cette effrayante maladresse, par laquelle vous avez donné, au pays dont vous étiez chargé de diriger les actuels destins, l'impression triste, du trafic de cette chose sacrée. Cela suffit, pour qu'on puisse juger de votre si pratique valeur, de votre si haute capacité, et même de votre prétendu bon sens.

« Mais, si vos preuves de supérieure intelligence se réduisent, ainsi, à faire échouer et s'effondrer, comme stérile, entre vos mains, la presque toute-puissance sur une sellette de Tribunal correctionnel ou de Cour d'Assises je ne vois pas bien, je l'avoue, en quels motifs vous puisez le droit de traiter avec des sourires de dédain, ces gens de pensée, littérateurs ou poëtes, soit ! — dont vous parliez de si haut tout à l'heure.

« Car, à la fin des fins, vaincus dans notre commerce, dans notre politique et dans nos armes, ce n'est qu'en leurs œuvres que nous ne sommes pas vaincus, puisque les nations les pillent et les admirent ! et nous les envient !

« Ces hommes n'ont que des mots, des ombres, des chimères, des rêves à leur disposition pour créer ce qui nous élève et ce qui les grandit :

« Et, pendant qu'ils accomplissent leur fonction, sans avoir même l'idée de se plaindre, vous escamotez tout le reste, le tangible, gens pratiques ! — (alors que ce reste, ainsi capté, vous est en réalité de si peu de valeur)! — Soit ! — mais sachez au moins que vous ne leur ôterez pas ceci, qu'avec *rien* ceux-là maintiennent ou s'efforcent de maintenir un peu de gloire à leur patrie, — et que vous, avec la toute-puissance, dis-je, vous ne pourrez créer que ce qui nous dégrade — et ce qui vient de vous abaisser. »

L'AVERTISSEMENT[1]

En Bretagne, c'était, il y a trente ans, notre coutume d'écoliers de tracer, en haut de nos *devoirs*, ces trois caractères : « V. H. V ! » Cela signifiait : « *Vive Henri V !* » Il semblait à nos imaginations d'enfants que la page en était plus belle.

Nous n'effeuillâmes la déclinaison de *Rosa, la rose,* qu'en dessinant, autour de la leçon transcrite, de ces héraldiques fleurs de lis dont le sommet tient du fer de lance.

[1] Ecrit en juillet 1884 pendant la maladie du Comte de Chambord.

Aux promenades, les marchands ambulants nous offraient de ces emblêmes en or ou en argent — et nous nous privions pour en acheter toujours.

Les murs, les pupîtres, les arbres de la cour de récréation, le chevet de nos lits, au-dessous du bénitier, présentaient aux regards des inspecteurs l'un ou l'autre de ces signes symboliques. Nous recélions aussi, dans nos livres de prière et de classe, à titre de signets, des images du descendant de Saint-Louis ; elles s'y confondaient avec celles des saints et des martyrs.

La nuit, lorsque passait dans nos songes la vision du roi de France, il y apparaissait comme un homme d'un visage noble et souriant, de blanc vêtu, entouré de lumière.

Dans nos jeux, s'il s'élevait une contestation et que l'un d'entre nous prononçât le nom du roi, les querelles s'apaisaient : il semblait qu'IL se trouvait soudain au milieu de nous et nous réconciliait de son bon sourire en nous appelant : « Mes enfants. »

Un jour — je me souviens ! — sur le déclin d'une belle journée, l'un des miens et moi, nous étions seuls dans l'avenue d'un manoir aux environs de Vannes. Nous attendions, auprès de la grille, l'heure de la rentrée, en saluant, d'une vieille chanson royale, le tomber du soir.

Au-dessus de nos têtes, mille derniers ramages, dans les radieuses feuillées trouées de feu, accompagnaient — (car les oiseaux de Bretagne savent le nom du roi), — cet air dont nos bonnes nourrices, braves chouannes de jadis ! nous avaient bercés douze ans plus tôt.

Un passant du grand chemin s'arrêta, et nous dit en ricanant :

— Mais, il n'a pas d'enfants, votre roi !...

— Eh bien ! et nous ? lui répondis-je naïvement.

Sur quoi Tinténiac ramassa simplement des pierres.

— A quoi bon ?... dis-je, en arrêtant son bras : va, laisse passer les passants.

Nous demandions souvent aux prêtres de

nos lycées, — et ceux qui survivent aux journées de Patay et de Coulmiers doivent ressentir, à ce rappel, un long serrement de cœur :

— Pourquoi n'allons-nous pas LE chercher ?

Et alors les bons pères nous répondaient :

— Chut ! petits amis ; IL viendra lorsque Dieu voudra.

Nous ne comprenions pas bien pourquoi nous devions baisser la voix en parlant du roi légitime de France, ni sous quel prétexte il nous était interdit de nous enorgueillir de notre bonne cause. Cela passait notre entendement naturel.

Certes, les *Mémoires de Cléry* nous avaient plongé dans une indignation froide et terrible ; certes, la descente de la lampe dans le caveau d'ossements du *Champ des martyrs* nous avait fait étendre, en silence, nos mains droites, pour une bénédiction qui était un serment ; certes, les pèlerinages sur ces places publiques où tombèrent les têtes de tant des nôtres nous avaient déjà durci le regard ;

mais ce *Chut* ! de nos dignes « recteurs » avait la vertu douloureuse de troubler la piété de notre impression. Cet excessif intérêt que l'on prenait « de notre santé », nous semblait un contre-sens à la fois humiliant et risible.

Et nous nous disions, d'un coup d'œil, en leur taisant notre étonnement :

— Soit. Quand nous serons grands, nous irons LE prendre et nous saurons bien LE ramener avec nous.

Comme dans la légende lyrique de *Richard Cœur-de-Lion,* nous avions tous l'âme chevaleresque de Blondel.

Les soirs de promenade en forêt, soit dans la Brocéliande, soit dans Bois-du-jour-bois-de-la-nuit, après avoir dîné dans quelque clairière, à l'ombre de ces chênes dont les hauts branchages avaient, autrefois, béni les chevaliers d'Armor s'exilant pour la croisade, ou nous avaient fourni les fermes lances du Combat des Trente, nous revenions, en chantant, toujours en chœur, une romance aujourd'hui ancienne, — douce, naïve, haute et pure comme notre fidélité : « *Vers les rives de France !* »

— Ah ! je suis sûr qu'aucun d'entre nous ne l'a oubliée, malgré les lourdes années subies !... Elle personnifiait le retour du roi. C'était d'une mélancolie poignante et, cependant, qui nous semblait tout illuminée d'avenir :

« Sur les vagues grises,
De suaves brises
Embaument les airs
Du parfum des mers :
Là bas, une grève...
— N'est-ce pas un rêve,
Pour nos yeux ravis ?..
Non, c'est le pays ! »

.'.

Ainsi, dès l'enfance, nous avions pris ce fatal pli de pensées de ne songer au roi qu'avec cette sorte d'espoir attristé qui, s'augmentant des années, produit les inactions crédules, s'il n'aide à la durée de l'exil.

S'en remettre à ce point aux décrets de Dieu, n'est-ce pas oublier qu'il n'ouvre qu'à ceux qui frappent ?

Bientôt l'espérance devient platonique, le dévouement, plutôt verbal qu'effectif, quelque bonne que soit la volonté dont on se vante : l'habitude s'aggrave, dans les âmes, de ne pressentir les retours que *toujours* au futur, dans le vent d'on ne sait quelles miraculeuses aurores ! — Et ce futur finit par ne pouvoir *jamais* être que l'amer présent qui se perpétue.

Pour peu que l'on réfléchisse, l'impression que cause, au pays, la nonchalance attendrie des partisans d'un prince proscrit, n'éloigne ou ne rapproche-t-elle pas, en réalité, la distance qui sépare cet exilé de sa patrie ? Le peuple, aux colères méritées, s'écrie, en montrant les irrésolus : « Ecoutez-les ! »

— N'est-ce pas là l'exil?

Oui, toute mélancolie, en s'invétérant, dégénère en résignation coupable et devient d'une contagieuse faiblesse, car elle change en rêveries les projets puissants et, par excès de sagesse ou de sensibilité, s'épargne les efforts sacrés des fières initiatives.

Bien plus. En toute cause, une sorte de communion s'établit entre le chef et les soldats. De ce courant de songeries morbides, créé par toute une génération d'aussi paisibles partisans, se dégagent, à la longue, d'incessantes influences qui, contraires à l'esprit des hautes aventures, n'ont pour effet que d'assombrir l'adversité de Celui qui les inspire.

Tôt ou tard, lorsque ces influences, qui tendent nécessairement vers lui, l'ont enveloppé de leurs mornes effluves, il s'alanguit lui-même sous leur oppression secrète.

Alors sonnent les heures des soupirs étouffés et des longs silences! — Enfin, s'unissant aux siens pour ne subir plus qu'un mirage, il s'immobilise, hélas! en de vaines contemplations!

Le roi devient pareil à ce pêcheur des légendes dans les filets prédestinés duquel, par une nuit de bonheur, les Destinées jetèrent la suprême perle. L'ayant offerte aux riches de son pays, qui la marchandèrent toujours, il préféra — plutôt que de la céder à un prix moindre que son estimable valeur — la rejeter, mystiquement, dans la mer!

Et, tout à coup, lorsque les indolences d'une expectative éternelle ont efféminé, usé, sinon attiédi, l'élan natal des soldats d'une grande cause, il arrive souvent qu'au milieu des toats, où l'on s'attarde en vœux souriants, en discours et en regards levés au ciel, la Mort surgit, Dieu étant lassé d'attendre l'aide indispensable et sacrée de l'homme.

Philosophie de gardien du sérail que celle qui, alors, murmure pour assourdir le *meâ culpâ* de la conscience : « C'était écrit ! » — Propos mensonger et sans profondeur ! Car les pensées, incorporées en toutes choses par leur intime correspondance, devancent les évènements. Conseillères hâtives du Destin, elles font l'avenir ou propice ou funeste, — et, librement épousées de nos esprits, fixent, de concert avec notre vouloir, l'indécision de la Fortune.

D'où il suit que les illusions engendrent les tristes réalités.

* * *

C'était avec joie, quand même ! et aussi haut que si le sceptre eût rayonné dans sa main tranquille, et comme des gens qui ne tiennent pas à mourir dans leurs lits, — qu'il fallait nous habituer, dès notre jeune âge, à parler du roi de France ! A la longue cette incantation sagace eût anéanti l'exil. — Et qui sait, même, si ceux-là dont le dévouement s'épuise à déplorer l'injuste sort d'un prince, à leur insu, n'attirent pas sur lui un surcroît de malheur ?

Et comment les pensées moroses d'un ensemble d'hommes n'auraient-elles pas cette occulte énergie, alors qu'en de simples entourages d'objets inanimés les événements futurs, comme s'ils se dégageaient de la physionomie des choses, concordent toujours avec les impressions que semblaient évoquer, déjà, les formes mêmes de ces objets?

— Considérez, par exemple, l'ameublement d'un salon Louis XVI. Entrez, seul — et laissez venir en votre esprit les pensées que suggère le style des objets environnants. Contemplez-les avec attention, de l'horloge aux tapisseries. Regardez fixement ces urnes cinéraires sur lesquelles tombent, en plis désolés, ces longs voiles, ce sablier d'or, au coin de la pendule; ces dossiers en médaillons revêtus d'étoffes aux couleurs systématiquement éteintes? Ces peintures *trop* charmantes, aux tons crépusculaires, où des oiseaux s'envolent si loin dans le soir, où des fleurs semblent si près de se faner, à peine écloses, où les féminins sourires paraissent empreints d'une grâce si mystérieusement triste : — et dites si, sur toutes ces choses, ne semble pas être tombée, dès leur mélancolique survenance, la fine poussière ensevelissante des siècles !

Ici, tout est présage ; tout annonce une fin, un déclin, une inévitable disparition. Comment la noblesse d'un règne s'est-elle plu, durant un quart de siècle, à vivre en l'usage, l'aspect, sous le *regard*, enfin, de semblables objets !... — Aveugles, ceux qui n'ont pas remarqué l'intime expression de ces meubles pâles ! Sourds, ceux qui n'ont pas entendu le silencieux avertissement qui résulte de leur présence ! *Sunt lacrymæ rerum!*... il fallait que ce sablier doré laissât couler son sable idéal ! Et que tombât ce crépuscule ! Et que l'heure de toute cette *fin* sonnât à ce cadran coquet et sombre ! Et que chacun de ces longs voiles essuyât des yeux en deuil !

Et que ces urnes cinéraires continssent des cendres.

Oui, ces objets appelaient leurs terribles correspondances, leurs continuations, leurs prolongements, pour ainsi dire, en une plus concrète réalité. Ils projetaient, d'avance, l'Histoire que leurs lignes semblent, aujourd'hui, avoir prophétisée ! Car les décrets du Destin s'incarnent, peu à peu, en tout ce qui nous environne, et l'Homme ne fait qu'attirer par mille chaînons ce qui lui arrive.

Ainsi, cette nuit, dans le trouble où nous avaient jeté les funèbres bulletins de Frohsdorf, j'écrivais, au bruit d'une fête publique, ces lignes consternées.

Mais... voici qu'un rayon de soleil, soudain, chasse l'ombre qui pesait sur nos pensées ! Que signifie ce tintement de cloches de Pâques ? J'entends des voix amies qui crient la bonne nouvelle ! — Qu'est-ce donc ? Est-ce que l'enfant du miracle serait aussi l'homme du miracle ?

— Lisez! disent-elles : et rassurons-nous ! Un Français revient à la vie ! La *Saint-Henri* est de joyeux augure ! Adieu l'anxiété ! Elevons nos verres en l'honneur de notre roi, dont la convalescence présage la résurrection !...

.·.

Puisque, selon l'ancienne coutume, le plus obscur convive qui porte une santé doit l'accompagner d'un vœu cordial, je dirai :

— Sire, *alleluia*! que ce toast soit le premier qui sonne votre retour sur le sol natal ! A vous boivent ceux-là que console de toutes les épreuves la seule grandeur de leur cause et qui trouvent la récompense de leurs sacrifices dans cette grandeur sauvegardée ! S'il eût fallu à la Providence que l'âme du roi de France entrât, du fond de l'exil, dans la sainte lumière, la hauteur de notre tristesse eût été digne de votre souveraine intégrité, puisque

Votre Majesté ne douta jamais de notre foi.

Avec vous, cependant, avec vous, disparaissaient l'éclair de chevalerie, le droit aux obéissances désintéressées, la sanction des élans généreux, l'étendard des traditions sublimes. Ensevelie dans la blancheur de votre linceul, la Royauté se fût endormie, pour nous, dans les plis de notre unique drapeau. Mais ne nous eût-elle légué que cette gloire de lui être demeurés, quand même, fidèles jusqu'au dernier moment, fiers encore de cet héritage, nous eussions porté noblement le deuil de nos vieilles espérances.

Donc, — plaise à Dieu que cet Avertissement nous devienne salutaire ! Et qu'il soit, enfin, pour tous, Monseigneur, comme l'un de ces sursauts définitifs, après lesquels on se réveille !

TABLE DES MATIÈRES

L'étonnant couple Moutonnet 1
Une soirée chez Nina de Villard 13
Notre-Seigneur Jésus-Christ sur les planches . . . 25
Souvenir 43
Hamlet 49
Augusta Holmès 63
Lettre sur un livre 79
La suggestion devant la loi 87
Le réalisme dans la peine de mort 105
Le Candidat de Gustave Flaubert 131
Peintures décoratives du grand Opéra 145
La tentation de saint Antoine de Gustave Flaubert . 165
Le cas extraordinaire de M. Francisque Sarcey . . . 175
Le socle de la statue 187
La couronne présidentielle 233
Au gendre insigne 283
L'avertissement 289

Imprimerie DESTENAY, Saint-Amand (Cher).

Librairie de l'Art indépendant

11, Rue de la Chaussée-d'Antin, Paris

ESTAMPES

LIVRES

MUSIQUE

Sciences occultes

EAUX-FORTES

ET

DESSINS

DE

Félicien Rops

PUBLICATIONS PÉRIODIQUES

LA MUSIQUE POPULAIRE

Journal hebdomadaire illustré

Théâtres — Beaux-Arts — Littérature

Directeurs : E. et A. BUSSIÈRE

Rédacteur en chef : EDMOND BAILLY

ABONNEMENTS :

PARIS : un an, 15 fr. — DÉPARTEMENTS : un an, 16 fr. 50. — ÉTRANGER : un an, 18 fr. — PARIS, six mois, 8 fr. — DÉPARTEMENTS, six mois, 9 fr.

PRIX DU NUMÉRO : 30 centimes

L'ÉTOILE

Revue mensuelle

RELIGION — SCIENCE — ART

Fondateur : Albert JHOUNEY

Rédacteur en Chef : L'abbé ROCA

Directeur : RENÉ CAILLIÉ

PRIX DU NUMÉRO : 60 CENTIMES

REVUE THÉOSOPHIQUE

MENSUELLE

Rédacteur en Chef : H. P. BLAVATSKI

DIRECTEUR

Comtesse Gaston D'ADHÉMAR

Prix du numéro : 1 fr. 25

L'INITIATION

Revue philosophique

Indépendante des Hautes études

Hypnotisme,

Théosophie, Franc-Maçonnerie, Sciences occultes

Directeur : PAPUS

Rédacteur en chef : GEORGE MONTIÈRE

Secrétaires de la rédaction :

C. BARLET & J. LEJAY

L'INITIATION PARAIT TOUS LES MOIS

LE NUMÉRO DE 96 *PAGES :* **UN FRANC**

ABONNEMENTS :

France, un an, 10 fr. — Etranger, un an, 12 fr.

REVUE

DES

TRADITIONS POPULAIRES

ORGANE MENSUELLE

DE LA

SOCIÉTÉ DES TRADITIONS POPULAIRES

Président : M. Charles PLOIX

Secrétaire général : M. Paul SÉBILLOT

TRÉSORIER :

M. A. CERTEUX

ABONNEMENT, UN AN : 15 francs

Prix du numéro : 1 fr. 25.

Extrait du Catalogue général

OUVRAGES DIVERS

SUR LES

Sciences occultes, le Magnétisme, etc.

ÉLIPHAS LÉVI

Dogme et rituel de la haute magie, 1861, deuxième édition, augmentée d'un *Discours préliminaire sur les tendances religieuses, phylosophiques et morales des livres de M. Éliphas Lévi sur la Magie,* et d'un article sur la *Magie des campagnes* et la *Sorcellerie des bergers,* 2 vol. in-8 avec 24 figures . . . . 18 fr.

Histoire de la magie, avec une exposition claire et précise de ses procédés, de ses rites et de ses mystères. 1860, 1 vol. in-8 avec 90 figures . . . . 12 fr.

La clef des grands mystères, *suivant Enoch, Abraham, Hermès Trismégiste et Salomon.* 1861, 1 vol. in-8 avec 22 planches. 12 fr.

La science des esprits, *révélations du dogme secret des kabbalistes, esprit occulte des évangiles, appréciation des doctrines et des phénomènes spirites.* 1 vol. in-8, 1865. 7 fr.

CAHAGNET

Sanctuaire du spiritualisme, ou *Étude de l'âme humaine et de ses rapports avec l'univers, d'après le somnambulisme et l'extase.* 1850, 1 vol. in-18. . . . . 5 fr.

Lettres odiques-magnétiques, *du chevalier Reichenbach,* traduites de l'allemand. 1 vol. in-18, 1853 . . . . 1 fr. 50

Abrégé des merveilles du ciel et de l'enfer, *de Swedenborg.* 1855, 1 volume gr. in-18 . . . . 3 fr. 50

Magie magnétique, ou *Traité historique et pratique de fascinations, de miroirs kabbalistiques, d'apports, de suspensions, de pactes, de charmes des vents, de convulsions,* *de possessions, d'envoûtement, de sortilèges, de magie de la parole, de correspondances sympathiques et de nécromancie.* 2ᵉ édit., 1858, 1 vol. gr. in-18, br. . . . . . 7 fr.

Méditations d'un penseur ou *mélanges de philosophie et de spiritualisme, d'appréciations, d'aspirations et de déceptions.* 1861, 2 vol. in-18 . . . . 10 fr.

Encyclopédie magnétique et spiritualiste, *traité de faits physiologiques.* Magie magnétique, swedenborgianisme, nécromancie, magie céleste. 1854 à 1860, 7 vol. gr. in-18 . . . . 28 fr.

BARON DU POTET

Traité complet de magnétisme, cours complet en douze leçons, 4ᵉ édition, 1883, 1 vol. in-8 . . . . 8 fr.

Manuel de l'étudiant magnétiseur, ou *Nouvelle instruction pratique sur le magnétisme, fondé sur trente années d'expériences et d'observations.* 5ᵉ édition, 1887, 1 vol. gr. in-18 avec figures . . 3 fr. 50

Le magnétisme opposé à la médecine, *Histoire du magnétisme en France et en Angleterre*. 1840, 1 vol. in-8 . . . . 6 fr.

La magie dévoilée ou principes des sciences occultes, 2ᵉ tirage, 1875 *(il ne reste que très peu d'exemplaires de cet ouvrage)*, 1 vol. in-4 sur papier fort, avec un portrait de l'auteur et de nombreuses gravures, relié . . . . 100 fr.

PAPUS

L'occultisme contemporain (Louis Lucas, Wronski, Eliphas Lévi, Saint-Yves d'Alveydre, Mᵐᵉ Blavatsky). 1887. Brochure in-18 . . . . 1 fr.

Le Sepher Jesirah. Les 32 voies de la Sagesse; les 50 portes de l'Intelligence. Traduction inédite, avec une planche hors texte. 1888. Broch. gr. in-8 . . . 1 fr.

Fabre d'Olivet et Saint-Yves d'Alveydre, 1888. Brochure grand in-8 . . . 0 fr. 75

Traité élémentaire de science occulte, mettant chacun à même de comprendre et d'expliquer les théories et les symboles employés par les anciens, par les alchimistes, les francs-maçons. etc., 4ᵉ édition, 1888, 1 vol. in-18 avec planches . . . . 3 fr. 50

La Pierre philosophale, preuves irréfutables de son existence. 1889. Broch. in-18, avec une planche hors texte . . . . . . 1 fr.

Le Tarot des Bohémiens. 1 vol. in-8 raisin avec figures et planches hors texte (*sous presse*).

CAITHNESS (Lady),
Duchesse de POMAR

1881-1882. *La quadruple constitution*, mode de l'amour divin et de la sagesse divine. 1883. Broch. in-8 . . . . 2 fr.

Une visite nocturne à Holyrood. 1884. Broch. in-8 . . . . 2 fr.

Fragments glanés dans la théosophie occulte d'Orient. Deuxième tirage. 1886. Broch. in-8 . . . . 1 fr. 50

La Théosophie universelle. — *Théosophie bouddhiste.* 1886. Broch. in-8 . . . 2 fr.

La Théosophie universelle. — *Théosophie chrétienne.* 1886. Broch. in-8 . . 2 fr. 50

OLCOTT [Henri S.]

Le Bouddhisme selon le canon de l'Eglise du sud, sous forme de catéchisme ; traduit sur le texte de la 14ᵉ édit. 1885. 2ᵉ tirage, 1 vol. in-12, 105 pages . . . . 1 fr. 50

OLIPHANT [Laurence]

Sympneumata ou la nouvelle force vitale. Ouvrage traduit de l'anglais. 1887, 1 vol. in-18, 308 pages . . . . : . . 3 fr. 50

SINNETT [A.-P.]

Président de la Société théosophique électrique de Simla

Le Monde occulte. Hypnotisme transcendant en Orient. Ouvrage traduit de l'anglais par F.-K. Gaboriau. 1887, 1 vol. in-18, 380 p. Prix . . . . 3 fr. 50

CHRISTIAN [P.]

Histoire de la magie, du monde surnaturel et de la fatalité à travers les temps et les peuples. 1 vol. gr. in-8 de 669 pages, avec un grand nombre de fig. et 16 pl. hors texte. . . . . 12 fr.

M. CH. LAFONTAINE

L'art de magnétiser, ou *le Magnétisme animal considéré sous le point de vue théologique et thérapeutique.* 5ᵉ éd., 1885, 1 vol. in 8. 5 fr.

Mémoires d'un magnétiseur, 1866, 2 vol. gr. in-18 . . . . 7 fr.

JHOUNEY [Albert]

Le royaume de Dieu. 1887, 1 vol. in-8. 4 fr.

DRAMARD [Louis]

La Science occulte. Étude sur la doctrine ésotérique. 2ᵉ édit. complètement remaniée. 1886. Br., gr. in-8. . . . . 1 fr.

ÉLY-STAR

Les Mystères de l'Horoscope. — Traité d'astrologie pratique précédé d'une préface, par Camille FLAMMARION, et d'une lettre de Joséphin PELADAN. 1 vol. in-18 jésus. 3 fr. 50

A. DEBOY

Les Mystères du Sommeil et du Magnétisme, ou Physiologie anecdotique du Somnambulisme naturel et magnétique. — Songes prophétiques. — Extases. — Visions. — Hallucinations. 8ᵉ édit. 1 vol . . . 3 fr.

Histoire des Sciences occultes depuis l'antiquité jusqu'à nos jours. 13ᵉ éd., 1 fort volume . . . . 3 fr.

HALIL ET MASRY

L'Interprète oriental des Songes. Recueil complet de toutes les traditions orientales sur les songes depuis Adam jusqu'à nos jours. 1 vol. grand in-18 jésus . 3 fr. 50

Dr Paul GIBIER

Analyse des Choses. Essai de Psychologie trancendantale, 1 volume grand in-18 jésus . . . . 3 fr. 50

Arthur D'ANGLEMONT

ENSEIGNEMENT POPULAIRE

DE

L'EXISTENCE UNIVERSELLE

CONTENANT

L'Anatomie de l'âme humaine et la démonstration du mécanisme de la pensée.

1 vol. in-18 jésus de 200 pages . . 1 fr. 50

Ouvrages fondamentaux de la Doctrine spirite
Par ALLAN KARDEC
8 fr. 50 le volume broché. — **4 fr. 50** relié

(Traduits en plusieurs langues)

Le Livre des Esprits (partie philosophique). 1 vol. in-12, 33ᵉ édition, contenant les principes de la doctrine spirite sur l'immortalité de l'âme, la nature des Esprits et leurs rapports avec les hommes, les lois morales, la vie présente, la vie future, l'avenir de l'humanité selon l'enseignement donné par les Esprits à l'aide de divers médiums.

Le Livre des Médiums (partie expérimentale). — Guide des médiums et des évocateurs, contenant la théorie de tous les genres de manifestations, 20ᵉ édition.

L'Evangile selon le Spiritisme (partie morale) contenant l'explication des maximes morales du Christ, leur application et leur concordance avec le Spiritisme, 20ᵉ édition.

Le Ciel et l'Enfer, *ou la justice divine selon le Spiritisme*, contenant de nombreux exemples sur la situation des Esprits dans le monde Spirituel et sur la terre, 20ᵉ édition.

La Genèse, les Miracles et les prédictions *selon le Spiritisme*. Partie scientifique qui est la synthèse des 4 premiers volumes et conséquemment l'une des plus importantes pour qui veut étudier, 10ᵉ édition.

EN VENTE A LA MÊME LIBRAIRIE

Paul VÉROLA
LES ORAGES

Un joli volume in-8 cavalier illustré de nombreux dessins par J. Villeclère . . . . 10 fr. »

Albert TOURNAIRE
CEUX QUI RÊVENT

Un volume in-18 jésus (Roman) . . . . 3 fr. 50

PLAMEN
LA TCHERKESSE

Un volume in-18 jésus (Roman), couverture de Félix Fournery.
Prix . . . 3 fr. 50

Arthur d'ANGLEMONT
ENSEIGNEMENT POPULAIRE
DE L'EXISTENCE UNIVERSELLE

Un volume in-18 jésus de 300 pages . . . . 3 fr. 50

Saint-Amand (Cher). — Imprimerie DESTENAY, Busière Frères.

www.ingramcontent.com/pod-product-compliance
Lightning Source LLC
Chambersburg PA
CBHW060650170426
43199CB00012B/1732